Educação infantil: práticas pedagógicas de ensino e aprendizagem

DIALÓGICA

SÉRIE METODOLOGIAS

EDITORA intersaberes

O selo DIALÓGICA da Editora InterSaberes faz referência às publicações que privilegiam uma linguagem na qual o autor dialoga com o leitor por meio de recursos textuais e visuais, o que torna o conteúdo muito mais dinâmico. São livros que criam um ambiente de interação com o leitor – seu universo cultural, social e de elaboração de conhecimentos –, possibilitando um real processo de interlocução para que a comunicação se efetive.

Maria Cristina Trois Dorneles Rau

Educação infantil: práticas pedagógicas de ensino e aprendizagem

Lindsay Azambuja
EDITOR-CHEFE

Ariadne Nunes Wenger
EDITOR-ASSISTENTE

Raphael Bernadelli
PROJETO GRÁFICO/EDITOR DE ARTE

Regiane Rosa
PROJETO GRÁFICO

Ísis Casagrande D'Angelis
ANÁLISE DE INFORMAÇÃO

Gabriel Plácido Teixeira da Silva
REVISÃO DE TEXTO

Denis Kaio Tanaami
CAPA

Danielle Scholtz
ICONOGRAFIA

Znort! Ilustradores
ILUSTRAÇÃO DA CAPA

EDITORA AFILIADA

1ª edição, 2012.
Foi feito o depósito legal.

Dados Internacionais de Catalogação na Publicação (CIP)
(Câmara Brasileira do Livro, SP, Brasil)

Rau, Maria Cristina Trois Dorneles
Educação infantil: práticas pedagógicas de ensino e aprendizagem / Maria Cristina Trois Dorneles Rau. – Curitiba: InterSaberes, 2012. – (Série Metodologias).

Bibliografia.
ISBN 978-85-8212-408-6

1. Educação infantil 2. Professores – Formação profissional 3. Registro de práticas pedagógicas I. Título. II. Série.

12-09101 CDD-370.71

Índices para catálogo sistemático:
1. Educação infantil : Professores : Formação : Educação 370.71

EDITORA intersaberes

Rua Clara Vendramin, 58
Mossunguê . CEP 81200-170
Curitiba . PR . Brasil
Fone: (41) 2106-4170
www.intersaberes.com
editora@editoraintersaberes.com.br

três

quatro

apresentação...

O texto que fundamenta o conhecimento sobre a educação infantil, abordado nesta obra, está organizado em quatro capítulos que buscam refletir sobre as questões relativas à práxis pedagógica do educador que atuará com crianças entre 0 e 5 anos.

No primeiro capítulo deste livro, intitulado *Pequeno cidadão brasileiro: a legislação para a educação infantil*, será abordado como as leis se articulam ao objetivo de propiciar à infância um atendimento que supere a visão assistencialista. Nesse sentido, os aspectos fundamentais da legislação que serão apresentados mesclam-se historicamente com os avanços e as dificuldades encontrados no trabalho pedagógico com as crianças dessa faixa etária. A análise da formação de professores será um elemento de ligação entre a história da infância, a legislação e o trabalho pedagógico na educação infantil.

No segundo capítulo, vamos falar do conceito de cuidar, destacando a visão assistencialista que assombrou as instituições de educação infantil e que ainda resiste em muitas delas, até que as ações de cuidado se relacionassem à educação. Esse capítulo, *Cuidar e educar: um compromisso educacional*, resulta de trabalhos realizados em profissionalização docente em nível inicial, envolvendo o curso de Formação de Docentes em Educação Infantil, a graduação de Pedagogia e a formação continuada – por meio das aulas em especialização *lato sensu* em Educação Infantil –, oficinas, palestras, cursos de capacitação de profissionais da área em diferentes regiões do país. A rotina na educação infantil será abordada com o intuito de contribuir com orientações para o cotidiano da prática pedagógica do professor. A rotina do berçário, maternal e período pré-escolar está organizada em um quadro para facilitar a visualização. Também enfocamos a questão da mídia e sua relação com as interações que a criança estabelece dentro e fora da escola. Apresentamos uma sugestão de projeto sobre esse tema para finalizar esse capítulo.

No terceiro capítulo, apresentaremos as questões sobre a importância das brincadeiras na educação infantil, considerando este tema como um fundamento da prática pedagógica, pois por meio de brincadeiras são desenvolvidos conteúdos significativos para a criança. Brincar é por excelência um recurso que estimula as diferentes linguagens e possibilita à criança que interaja com o meio de maneira autônoma, pois esse ato evoca questões do cotidiano. Brincar auxilia na socialização e na superação de conflitos cognitivos, afetivos e motores, porque brincando a criança elabora objetivos, estratégias de ação, organiza o pensamento, estabelece metas, lida com sentimentos, interpreta papéis. E faz tudo isso corporalmente, o que a ajuda a experimentar espaço, tempo, comunicação e expressão, números, ritmos e fenômenos, articulando os saberes que tecem essa rede de informações. A avaliação do lúdico também é apontada como um momento em que o professor identifica o que a criança sabe, como aprende e o que pode ser potencializado na construção do conhecimento.

No quarto capítulo, trabalharemos com as metodologias e os procedimentos adequados aos conteúdos da educação infantil. Assim, serão apresentadas sugestões de prática e proposta pedagógica nas creches e pré-escolas para o trabalho com: linguagem; pensamento lógico e matemático; ciências; desenvolvimento físico, motor social e afetivo; música e artes. Buscamos, assim, situar os procedimentos num quadro teórico-prático, visando superar o senso comum que apresenta a prática como um saber neutro, desconectado da realidade infantil, um livro de receitas prontas a serem aplicadas. Contudo, gostaríamos que o futuro professor ou o leitor interessado por esta área refletisse, no momento da leitura, sobre a necessidade de proporcionar um trabalho pedagógico que ajude a criança a construir uma sociedade mais igualitária no que se refere à oportunidade, à autonomia e à interação social e cultural.

Finalizaremos destacando aspectos reflexivos sobre essas metodologias e procedimentos a serem desenvolvidos na educação infantil, procurando apontar caminhos considerados fundamentais na atuação docente.

É importante que você reflita sobre a intenção deste livro, que é subsidiar o conhecimento sobre a educação infantil de forma humilde, pois acredita-se que nenhuma obra poderá contemplar todas as maneiras como cada professor pode agir em sua prática. Assim, as respostas às perguntas cotidianas de cada educador se constituirão a partir da sua própria atuação, de forma crítica, reflexiva e com a pesquisa contínua sobre os saberes que integram seu trabalho pedagógico.

Boa leitura!

organização didático-pedagógica

Esta seção tem a finalidade de apresentar os recursos de aprendizagem utilizados no decorrer da obra, de modo a evidenciar os aspectos didático-pedagógicos que nortearam o planejamento do material e como o aluno/leitor pode tirar o melhor proveito dos conteúdos para seu aprendizado.

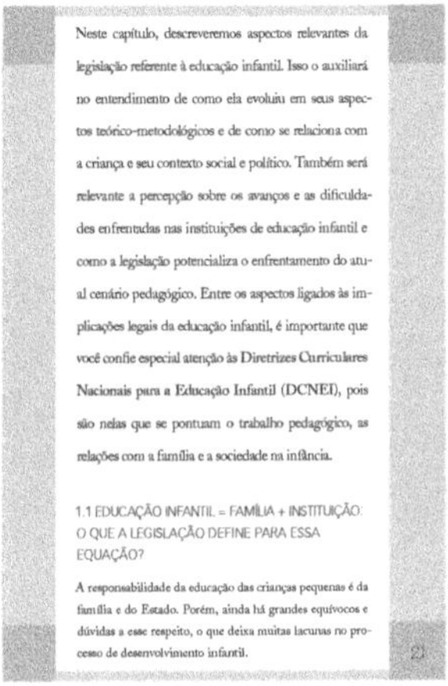

Neste capítulo, descreveremos aspectos relevantes da legislação referente à educação infantil. Isso o auxiliará no entendimento de como ela evoluiu em seus aspectos teórico-metodológicos e de como se relaciona com a criança e seu contexto social e político. Também será relevante a percepção sobre os avanços e as dificuldades enfrentadas nas instituições de educação infantil e como a legislação potencializa o enfrentamento do atual cenário pedagógico. Entre os aspectos ligados às implicações legais da educação infantil, é importante que você confie especial atenção às Diretrizes Curriculares Nacionais para a Educação Infantil (DCNEI), pois são nelas que se pontuam o trabalho pedagógico, as relações com a família e a sociedade na infância.

1.1 EDUCAÇÃO INFANTIL = FAMÍLIA + INSTITUIÇÃO: O QUE A LEGISLAÇÃO DEFINE PARA ESSA EQUAÇÃO?

A responsabilidade da educação das crianças pequenas é da família e do Estado. Porém, ainda há grandes equívocos e dúvidas a esse respeito, o que deixa muitas lacunas no processo de desenvolvimento infantil.

21

Introdução do capítulo

Logo na abertura do capítulo, você é informado a respeito dos conteúdos que nele serão abordados, bem como dos objetivos que a autora pretende alcançar.

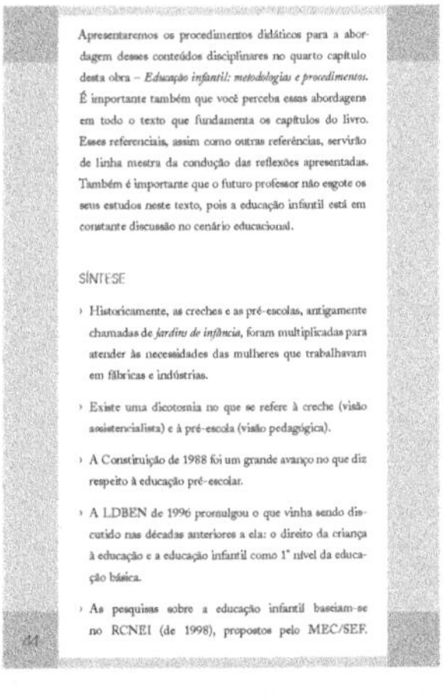

Apresentaremos os procedimentos didáticos para a abordagem desses conteúdos disciplinares no quarto capítulo desta obra – *Educação infantil: metodologias e procedimentos*. É importante também que você perceba essas abordagens em todo o texto que fundamenta os capítulos do livro. Esses referenciais, assim como outras referências, servirão de linha mestra da condução das reflexões apresentadas. Também é importante que o futuro professor não esgote os seus estudos neste texto, pois a educação infantil está em constante discussão no cenário educacional.

SÍNTESE

- Historicamente, as creches e as pré-escolas, antigamente chamadas de *jardins de infância*, foram multiplicadas para atender às necessidades das mulheres que trabalhavam em fábricas e indústrias.
- Existe uma dicotomia no que se refere à creche (visão assistencialista) e à pré-escola (visão pedagógica).
- A Constituição de 1988 foi um grande avanço no que diz respeito à educação pré-escolar.
- A LDBEN de 1996 promulgou o que vinha sendo discutido nas décadas anteriores a ela: o direito da criança à educação e a educação infantil como 1º nível da educação básica.
- As pesquisas sobre a educação infantil baseiam-se no RCNEI (de 1998), propostos pelo MEC/SEF.

44

Síntese

Você conta nessa seção com um recurso que instiga a fazer uma reflexão sobre os conteúdos estudados, de modo a contribuir para que as conclusões a que você chegou sejam reafirmadas ou redefinidas.

Indicações culturais

Ao final do capítulo, a autora lhe oferece algumas indicações de livros, filmes ou sites *que podem ajudá-lo a refletir sobre os conteúdos estudados e permitir o aprofundamento em seu processo de aprendizagem.*

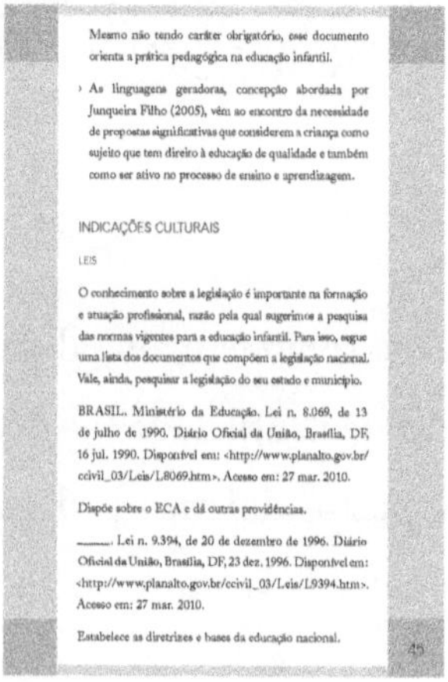

Mesmo não tendo caráter obrigatório, esse documento orienta a prática pedagógica na educação infantil.

› As linguagens geradoras, concepção abordada por Junqueira Filho (2005), vêm ao encontro da necessidade de propostas significativas que considerem a criança como sujeito que tem direito à educação de qualidade e também como ser ativo no processo de ensino e aprendizagem.

INDICAÇÕES CULTURAIS

LEIS

O conhecimento sobre a legislação é importante na formação e atuação profissional, razão pela qual sugerimos a pesquisa das normas vigentes para a educação infantil. Para isso, segue uma lista dos documentos que compõem a legislação nacional. Vale, ainda, pesquisar a legislação do seu estado e município.

BRASIL. Ministério da Educação. Lei n. 8.069, de 13 de julho de 1990. Diário Oficial da União, Brasília, DF, 16 jul. 1990. Disponível em: <http://www.planalto.gov.br/ccivil_03/Leis/L8069.htm>. Acesso em: 27 mar. 2010.

Dispõe sobre o ECA e dá outras providências.

______. Lei n. 9.394, de 20 de dezembro de 1996. Diário Oficial da União, Brasília, DF, 23 dez. 1996. Disponível em: <http://www.planalto.gov.br/ccivil_03/Leis/L9394.htm>. Acesso em: 27 mar. 2010.

Estabelece as diretrizes e bases da educação nacional.

Atividades de autoavaliação

Com essas questões objetivas, você tem a oportunidade de verificar o grau de assimilação dos conceitos examinados, motivando-se a progredir em seus estudos e a preparar-se para outras atividades avaliativas.

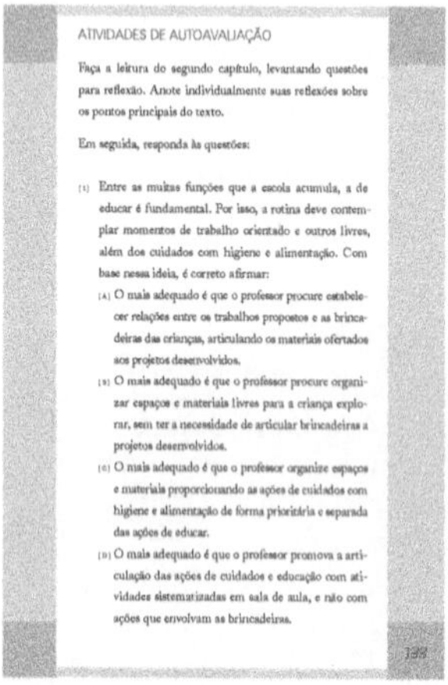

ATIVIDADES DE AUTOAVALIAÇÃO

Faça a leitura do segundo capítulo, levantando questões para reflexão. Anote individualmente suas reflexões sobre os pontos principais do texto.

Em seguida, responda às questões:

[1] Entre as muitas funções que a escola acumula, a de educar é fundamental. Por isso, a rotina deve contemplar momentos de trabalho orientado e outros livres, além dos cuidados com higiene e alimentação. Com base nessa ideia, é correto afirmar:
- [A] O mais adequado é que o professor procure estabelecer relações entre os trabalhos propostos e as brincadeiras das crianças, articulando os materiais ofertados aos projetos desenvolvidos.
- [B] O mais adequado é que o professor procure organizar espaços e materiais livres para a criança explorar, sem ter a necessidade de articular brincadeiras a projetos desenvolvidos.
- [C] O mais adequado é que o professor organize espaços e materiais proporcionando as ações de cuidados com higiene e alimentação de forma prioritária e separada das ações de educar.
- [D] O mais adequado é que o professor promova a articulação das ações de cuidados e educação com atividades sistematizadas em sala de aula, e não com ações que envolvam as brincadeiras.

Atividades de aprendizagem

Aqui você dispõe de questões cujo objetivo é levá-lo a analisar criticamente determinado assunto e aproximar conhecimentos teóricos e práticos.

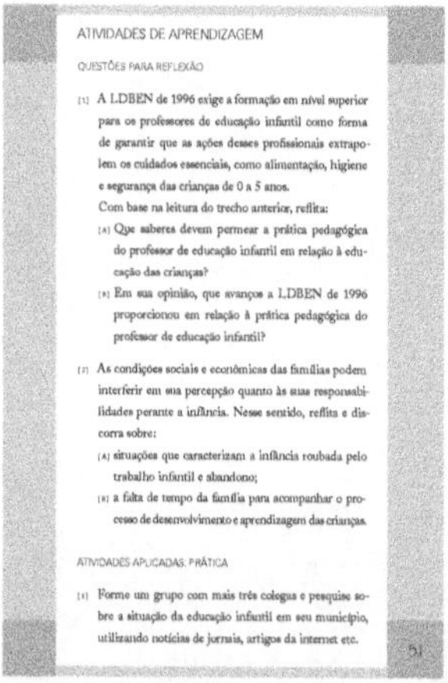

ATIVIDADES DE APRENDIZAGEM

QUESTÕES PARA REFLEXÃO

[1] A LDBEN de 1996 exige a formação em nível superior para os professores de educação infantil como forma de garantir que as ações desses profissionais extrapolem os cuidados essenciais, como alimentação, higiene e segurança das crianças de 0 a 5 anos.
Com base na leitura do trecho anterior, reflita:
- [A] Que saberes devem permear a prática pedagógica do professor de educação infantil em relação à educação das crianças?
- [B] Em sua opinião, que avanços a LDBEN de 1996 proporcionou em relação à prática pedagógica do professor de educação infantil?

[2] As condições sociais e econômicas das famílias podem interferir em sua percepção quanto às suas responsabilidades perante a infância. Nesse sentido, reflita e discorra sobre:
- [A] situações que caracterizam a infância roubada pelo trabalho infantil e abandono;
- [B] a falta de tempo da família para acompanhar o processo de desenvolvimento e aprendizagem das crianças.

ATIVIDADES APLICADAS: PRÁTICA

[1] Forme um grupo com mais três colegas e pesquise sobre a situação da educação infantil em seu município, utilizando notícias de jornais, artigos da internet etc.

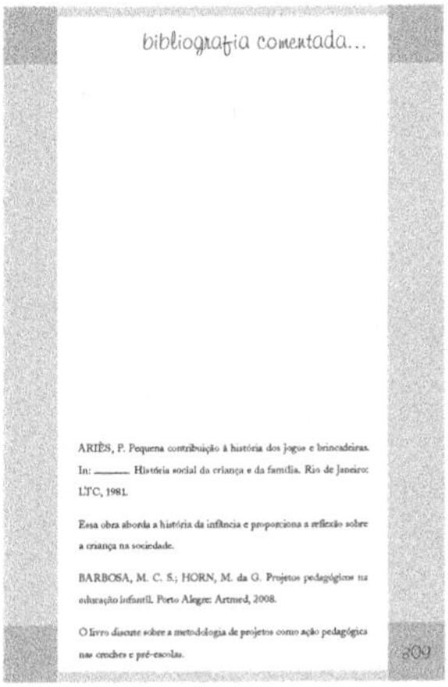

bibliografia comentada...

ARIÈS, P. Pequena contribuição à história dos jogos e brincadeiras. In: ______. História social da criança e da família. Rio de Janeiro: LTC, 1981.

Essa obra aborda a história da infância e proporciona a reflexão sobre a criança na sociedade.

BARBOSA, M. C. S.; HORN, M. da G. Projetos pedagógicos na educação infantil. Porto Alegre: Artmed, 2008.

O livro discute sobre a metodologia de projetos como ação pedagógica nas creches e pré-escolas.

309

Bibliografia comentada

Nessa seção, você encontra comentários acerca de algumas obras de referência para o estudo dos temas examinados.

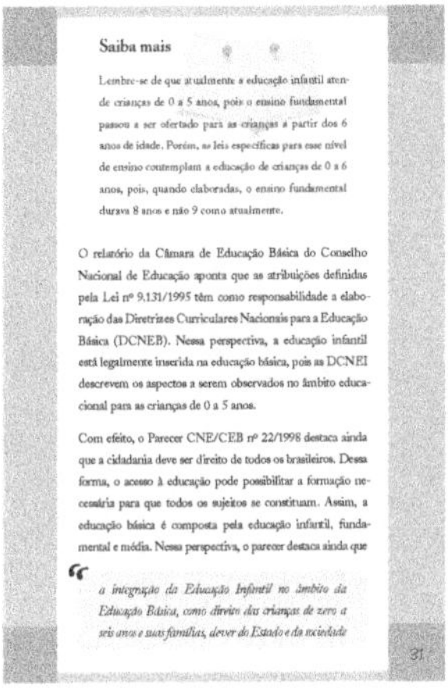

Saiba mais

Lembre-se de que atualmente a educação infantil atende crianças de 0 a 5 anos, pois o ensino fundamental passou a ser ofertado para as crianças a partir dos 6 anos de idade. Porém, as leis específicas para esse nível de ensino contemplam a educação de crianças de 0 a 6 anos, pois, quando elaboradas, o ensino fundamental durava 8 anos e não 9 como atualmente.

O relatório da Câmara de Educação Básica do Conselho Nacional de Educação aponta que as atribuições definidas pela Lei nº 9.131/1995 têm como responsabilidade a elaboração das Diretrizes Curriculares Nacionais para a Educação Básica (DCNEB). Nessa perspectiva, a educação infantil está legalmente inserida na educação básica, pois as DCNEI descrevem os aspectos a serem observados no âmbito educacional para as crianças de 0 a 5 anos.

Com efeito, o Parecer CNE/CEB nº 22/1998 destaca ainda que a cidadania deve ser direito de todos os brasileiros. Dessa forma, o acesso à educação pode possibilitar a formação necessária para que todos os sujeitos se constituam. Assim, a educação básica é composta pela educação infantil, fundamental e média. Nessa perspectiva, o parecer destaca ainda que

"*a integração da Educação Infantil no âmbito da Educação Básica, como direito das crianças de zero a seis anos e suas famílias, dever do Estado e da sociedade*

31

Saiba mais

Aqui, o autor mostrará a você definições que serão utilizadas ao longo da obra, para facilitar estudo dos conteúdos apresentados.

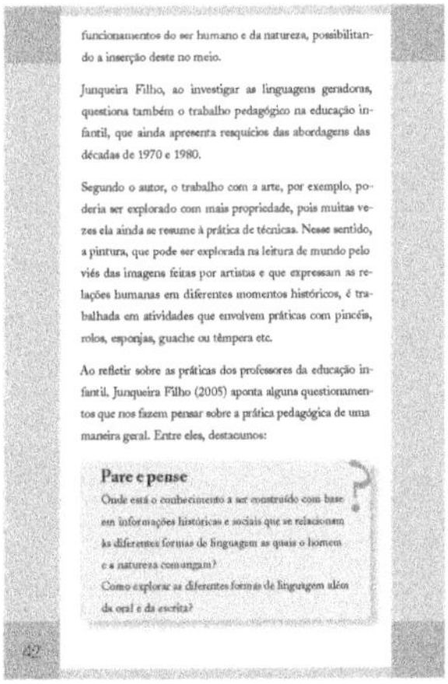

funcionamentos do ser humano e da natureza, possibilitando a inserção deste no meio.

Junqueira Filho, ao investigar as linguagens geradoras, questiona também o trabalho pedagógico na educação infantil, que ainda apresenta resquícios das abordagens das décadas de 1970 e 1980.

Segundo o autor, o trabalho com a arte, por exemplo, poderia ser explorado com mais propriedade, pois muitas vezes ela ainda se resume à prática de técnicas. Nesse sentido, a pintura, que pode ser explorada na leitura de mundo pelo viés das imagens feitas por artistas e que expressam as relações humanas em diferentes momentos históricos, é trabalhada em atividades que envolvem práticas com pincéis, rolos, esponjas, guache ou têmpera etc.

Ao refletir sobre as práticas dos professores da educação infantil, Junqueira Filho (2005) aponta alguns questionamentos que nos fazem pensar sobre a prática pedagógica de uma maneira geral. Entre eles, destacamos:

Pare e pense

Onde está o conhecimento a ser construído com base em informações históricas e sociais que se relacionam às diferentes formas de linguagem as quais o homem e a natureza comungam?

Como explorar as diferentes formas de linguagem além da oral e da escrita?

42

Pare e pense

Nesta parte, a proposta é levá-lo a refletir por meio de questões relativas ao conteúdo da parte estudada.

Atenção

Você é chamado à atenção nesta parte da obra a fim de mostrá-lo conceitos e situações importantes para aprofundar sua aprendizagem.

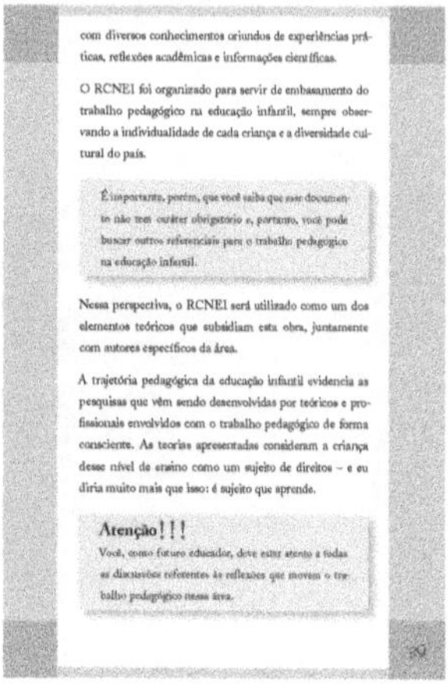

com diversos conhecimentos oriundos de experiências práticas, reflexões acadêmicas e informações científicas.

O RCNEI foi organizado para servir de embasamento do trabalho pedagógico na educação infantil, sempre observando a individualidade de cada criança e a diversidade cultural do país.

É importante, porém, que você saiba que esse documento não tem caráter obrigatório e, portanto, você pode buscar outros referenciais para o trabalho pedagógico na educação infantil.

Nessa perspectiva, o RCNEI será utilizado como um dos elementos teóricos que subsidiam esta obra, juntamente com autores específicos da área.

A trajetória pedagógica da educação infantil evidencia as pesquisas que vêm sendo desenvolvidas por teóricos e profissionais envolvidos com o trabalho pedagógico de forma consciente. As teorias apresentadas consideram a criança desse nível de ensino como um sujeito de direitos – e eu diria muito mais que isso: é sujeito que aprende.

Atenção!!!
Você, como futuro educador, deve estar atento a todas as discussões referentes às reflexões que movem o trabalho pedagógico nessa área.

39

Relatos da prática

São relatos reais que servirão de base para a reflexão e o aprimoramento do estudo de conceitos apresentados ao longo do livro.

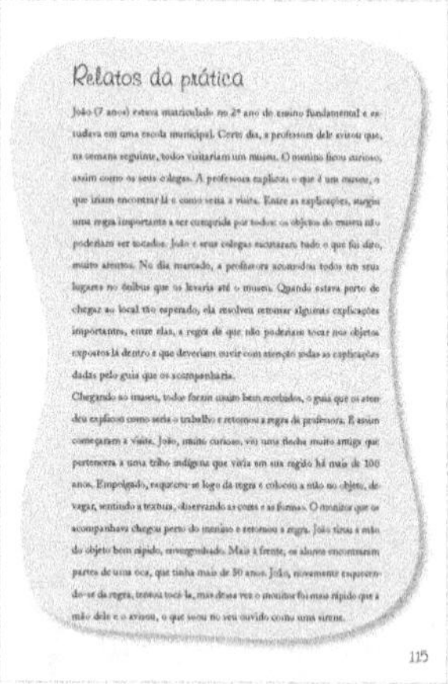

Relatos da prática

João (7 anos) estava matriculado no 2º ano do ensino fundamental e estudava em uma escola municipal. Certo dia, a professora dele avisou que, na semana seguinte, todos visitariam um museu. O menino ficou curioso, assim como os seus colegas. A professora explicou o que é um museu, o que iriam encontrar lá e como seria a visita. Entre as explicações, surgiu uma regra importante a ser cumprida por todos: os objetos do museu não poderiam ser tocados. João e seus colegas escutaram tudo o que foi dito, muito atentos. No dia marcado, a professora acomodou todos em seus lugares no ônibus que os levaria até o museu. Quando estava perto de chegar ao local tão esperado, ela resolveu retomar algumas explicações importantes, entre elas, a regra de que não poderiam tocar nos objetos expostos lá dentro e que deveriam ouvir com atenção todas as explicações dadas pelo guia que os acompanharia.

Chegando ao museu, todos foram muito bem recebidos, o guia que os atendeu explicou como seria o trabalho e retomou a regra da professora. E assim começaram a visita. João, muito curioso, viu uma flecha muito antiga que pertencera a uma tribo indígena que vivia em sua região há mais de 100 anos. Empolgado, esqueceu-se logo da regra e colocou a mão no objeto, devagar, sentindo a textura, observando as cores e as formas. O monitor que os acompanhava chegou perto do menino e retomou a regra. João tirou a mão do objeto bem rápido, envergonhado. Mais à frente, os alunos encontraram partes de uma oca, que tinha mais de 50 anos. João, novamente esquecendo-se da regra, tentou tocá-la, mas dessa vez o monitor foi mais rápido que a mão dele e o avisou, o que soou no seu ouvido como uma sirene.

115

Sugestões de rotina

São rotinas sugeridas a você para a aplicação das competências ensinadas no livro.

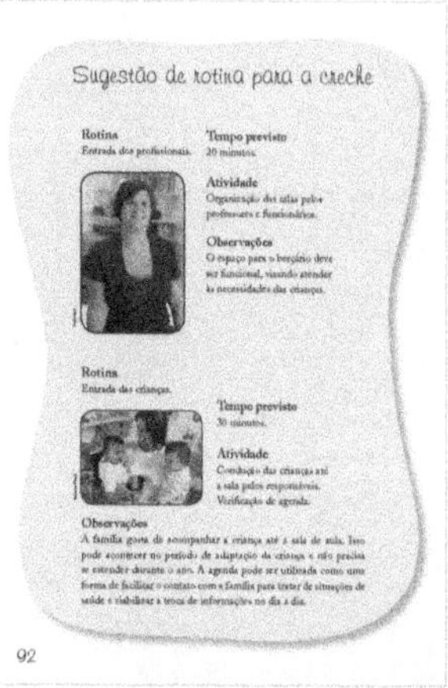

Sugestão de rotina para a creche

Rotina
Entrada dos profissionais.

Tempo previsto
20 minutos.

Atividade
Organização das salas pelos professores e funcionários.

Observações
O espaço para o berçário deve ser funcional, visando atender às necessidades das crianças.

Rotina
Entrada das crianças.

Tempo previsto
30 minutos.

Atividade
Condução das crianças até a sala pelos responsáveis. Verificação da agenda.

Observações
A família gosta de acompanhar a criança até a sala de aula. Isso pode acontecer no período de adaptação da criança e não precisa se estender durante o ano. A agenda pode ser utilizada como uma forma de facilitar o contato com a família para tratar de situações de saúde e viabilizar a troca de informações no dia a dia.

92

introdução...

A educação infantil, primeiro nível de ensino da educação básica, vem vivenciando transformações fundamentais nos seus aspectos pedagógicos. Tais transformações advêm da constante e dinâmica mudança nos papéis da família, da escola e da sociedade. Nesse sentido, a família, instituição que deveria ser a primeira a fazer parte da vida da criança, muitas vezes se faz presente apenas no período de gestação desta. A desenfreada corrida capitalista atinge também quem deveria ter como objetivo e foco principal o desenvolvimento daqueles que chegam ao mundo totalmente dependentes nos seus aspectos biológicos e sociais. Aqueles que têm um papel fundamental no momento em que o pequeno vê, ouve e é tocado pela primeira vez: **a família**. Assim, a escola faz, seguidas e exarcebadas vezes, o papel dessa família e deixa de cumprir sua função social primordial: **ensinar**.

Mudanças nessa área ainda estão em curso e dependem muito dos profissionais da educação, da família, do Estado, e das políticas públicas deste, para o atendimento à criança.

Assim, é fundamental pensar sobre o papel do ensino para a formação do cidadão. **Ensinar?** Talvez não somente ensinar.

> Atualmente, a função social da escola não se restringe apenas em ensinar, mas é dela também a tarefa de sistematizar os conhecimentos construídos historicamente pelo homem em suas relações com o meio.

Nesse sentido, cabe à escola questionar-se sobre esse papel. Ao dedicarmos um olhar mais atento e maduro aos profissionais da educação infantil, podemos observar que estes apresentam diferentes ações pedagógicas. Desde aqueles que se dedicam a estudar o desenvolvimento e a aprendizagem infantil até os que vêm em busca de mais um campo de trabalho, muitas vezes considerado fácil por se tratar de crianças tão pequenas, as quais, para os desinformados, requerem menos cuidados por essa razão. Porém, essas pessoas não pensam na **educação como o potencial transformador da sociedade** e desconhecem o significado dessa palavra na relação ensino-aprendizagem.

Educar passa pelo diálogo entre os conteúdos historicamente sistematizados e o conhecimento de mundo trazido pelas crianças. Contudo, aquele que deseja atuar na educação infantil terá de desempenhar tal papel, e terá o privilégio de descobrir uma infinidade de possibilidades que – muito além de cuidados – é feita de interações, de afetos, de movimentos, de criatividade, enfim, um mundo já descoberto e a ser redescoberto diariamente.

Cabe a quem deseja atuar ativamente na educação infantil refletir:

Pare e pense

Quem são essas crianças que chegam hoje à escola em tão tenra idade?

Quais serão suas necessidades e seus interesses?

O que trarão consigo em suas vivências familiares e sociais?

Quais serão as suas expectativas em relação a esse espaço?

Como será o seu desenvolvimento nos aspectos afetivo, linguístico, motor e cognitivo? Serão todas iguais?

Com base em nossa experiência na área, podemos afirmar que existem pouquíssimas chances de esta última questão ser verdade. Apesar de as crianças serem classificadas por faixas etárias relacionadas aos termos *berçário*, *maternal* e *pré-escola*, nas instituições de educação infantil, cada uma **delas apresenta uma reação diferente ao estímulo provocado.** Haverá dias intensos de sucesso para você e para eles, e outros que expressarão medo, ansiedade e frustração. Mas, acredite, será um processo maravilhoso de descobertas de mundos, de caminhos de ida e de volta, de música, de movimento, de arte, de expressão. E caberá a você orquestrar essa sinfonia com habilidade, harmonia, paciência e, sobretudo, muito estudo.

Saiba mais

Utilizarei os termos *berçário*, *maternal* e *pré-escola* para descrever as classes de educandos, visto que são termos comuns ao entendimento de todos em diversos estados brasileiros. Porém, existem outros possíveis, como: *infantil*, *jardim de infância* (termo já ultrapassado pela própria concepção de infância), *creche*, *pré-escola* etc.

Diante desses elementos brevemente retomados, apresentamos metodologias e procedimentos para o ensino na educação infantil, pontuando aspectos determinantes da prática docente e possibilitando a contextualização de estratégias pedagógicas que, obviamente, estarão inseridas em um contexto maior. Assim, caberá a você refletir a respeito de cada leitura e interpretar os conceitos e metodologias de acordo com a realidade educacional em que vai atuar.

Um...

Pequeno cidadão brasileiro: a legislação para a educação infantil

Neste capítulo, descreveremos aspectos relevantes da legislação referente à educação infantil. Isso o auxiliará no entendimento de como ela evoluiu em seus aspectos teórico-metodológicos e de como se relaciona com a criança e seu contexto social e político. Também será relevante a percepção sobre os avanços e as dificuldades enfrentadas nas instituições de educação infantil e como a legislação potencializa o enfrentamento do atual cenário pedagógico. Entre os aspectos ligados às implicações legais da educação infantil, é importante que você confie especial atenção às **Diretrizes Curriculares Nacionais para a Educação Infantil (DCNEI)**, pois são nelas que se pontuam o trabalho pedagógico, as relações com a família e a sociedade na infância.

1.1 EDUCAÇÃO INFANTIL = FAMÍLIA + INSTITUIÇÃO: O QUE A LEGISLAÇÃO DEFINE PARA ESSA EQUAÇÃO?

A responsabilidade da educação das crianças pequenas é da família e do Estado. Porém, ainda há grandes equívocos e dúvidas a esse respeito, o que deixa muitas lacunas no processo de desenvolvimento infantil.

De acordo com o art. 227 da Constituição Federal do Brasil: "É dever da família, da sociedade e do Estado assegurar à criança e ao adolescente, com absoluta prioridade, o direito à vida, à saúde, à alimentação, à educação, ao lazer, à profissionalização, à cultura, à dignidade, ao respeito, à liberdade e à convivência familiar comunitária".

Esse "dever da família" parece ser desconhecido por muitos adultos que participam da educação das crianças de 0 a 5 anos. Há décadas, professores, coordenadores pedagógicos, diretores, gestores educacionais e demais profissionais ligados à escola apontam a abnegação da família às questões educacionais de seus filhos no período em que estão no espaço escolar.

A família é, contudo, fundamental para a segurança emocional da criança quando ela passa a frequentar a escola de educação infantil. Também é importante a comunicação entre a família e os professores, pois é nessa fase que a criança começa a assumir diferentes papéis e gradualmente vai incorporando outros. Esse processo possibilita a aprendizagem da criança e ocorre em todo o lugar e em toda atividade, seja brincando, seja conversando com os colegas etc. Essas primeiras interações que ocorrem na escola levam a criança a perceber que ela pode discutir com um colega a posse de um lápis ou brinquedo, e a aprender que na escola e em casa ela tem de tomar determinadas atitudes que se tornam hábitos, como guardar os brinquedos. Nesse sentido, Bassedas, Huguet e Solé (1999, p. 282) afirmam que "precisa ficar claro que a escola e família são contextos diferentes e que, nesses contextos, as crianças encontrarão coisas, pessoas e relações diversas". Assim, quando a criança entra na escola, começa a perceber o mundo de forma diferente.

Outro aspecto sobre a criança na escola de educação infantil que envolve a relação com a família é que nem sempre existe concordância entre as duas instituições (escola e família) quanto à educação dos pequenos, como o acesso aos programas de televisão e a reflexão sobre os temas e assuntos que sejam coerentes e adequados às necessidades das crianças. Nesse sentido, Bassedas, Huguet e Solé (1999) destacam que os meios de comunicação – cada vez mais acessíveis e avançados –, os programas de televisão e os temas de jogos eletrônicos são por vezes assuntos contrários aos abordados na escola, o que se torna mais um desafio na educação das crianças.

Sabe-se que as condições sociais das famílias influenciam na percepção de suas responsabilidades perante a infância. Situações como trabalho infantil, abandono, privação cultural, más condições de higiene pessoal, sanitárias e alimentares, falta de tempo para a reflexão sobre valores e o convívio em sociedade, entre outras tantas, servem de obstáculos no processo de desenvolvimento e aprendizagem infantil.

Bordignon, citada por Portella e Franceschini (2008, p. 37), discute essa problemática apontando que

> "*os relacionamentos humanos possuem múltiplas facetas, pois cada um de nós desempenha na vida uma enorme variedade de papéis, muitos dos quais*

com alicerces na dinâmica familiar/individual: papel de pai, mãe, de filho, avó, irmão, irmã... papéis que são determinantes no desenvolvimento tanto afetivo quanto físico.

Nessa perspectiva, é importante você refletir sobre o sucesso de tantos outros papéis que o sujeito exercerá durante a sua vida. Para Bordignon, grande parte dos papéis que a criança vai desempenhar durante a sua vida depende muito do sucesso ou insucesso de suas relações familiares e "poder investir nesse sistema é, então, desenvolver meios eficazes de atuação em vários outros sistemas, entre eles a escola" (p. 37). Nesse sentido, a aprendizagem requer condições favoráveis por parte da família e da escola. Em seu trabalho psicopedagógico, Bordignon (citada por Portella; Franceschini, 2008, p. 38) ainda destaca aspectos relacionados à aprendizagem e nessa perspectiva aponta que "a falta de atenção, de concentração no processo de aquisição da leitura e da escrita, bem como nos processos matemáticos e de organização no tempo e no espaço, parecem implicar a inclusão das instituições e, principalmente, a da família".

Pare e pense

O que as políticas públicas e a educação têm a ver com tal realidade?

A Constituição brasileira de 1988 aponta uma mudança na educação infantil, que passou a ser um dever do Estado e direito da criança. Tal concepção de infância está direcionada para uma ação pedagógica que considera a criança como um ser histórico e social, contrária à educação compensatória, que responsabiliza a escola pela resolução de problemas sociais como a miséria.

A educação infantil passou a ser subordinada à área da educação, o que representou um significativo avanço na superação de seu aspecto assistencialista; isso porque a Constituição, ao definir que o dever do Estado para com a educação será efetivado mediante a garantia de, entre outros, "atendimento em creche e pré-escola às crianças de 0 a 6 anos de idade" (art. 208, inciso IV), possibilita uma obrigação para o sistema educacional.

Porém, o caminho construído pela descentralização e municipalização do ensino encontra outras dificuldades. O Estado, que deveria passar aos municípios recursos justos para o desenvolvimento da educação infantil, nem sempre o faz de maneira correta, dificultando assim a qualidade da educação pública.

A Constituição também aborda algumas questões a respeito da problemática do atendimento educacional da criança. No âmbito da educação, os municípios têm mais responsabilidade no que se refere ao ensino fundamental e à educação infantil.

Em seu art. 211, parágrafo 2º, a seção sobre educação determina que "os Municípios atuarão prioritariamente no Ensino Fundamental e pré-escolar". Neste sentido, 18% da receita dos impostos da União são destinados ao ensino, além de 25% dos impostos dos estados e dos municípios, em conformidade com o art. 212. O art. 209, incisos I e II, define que a iniciativa privada deve seguir o "cumprimento das normas gerais da educação nacional" e a "autorização e avaliação da qualidade pelo Poder Público". Nessa perspectiva, as instituições de ensino infantil devem ser supervisionadas e fiscalizadas por órgãos oficiais. A União, os Estados, os Municípios e o Distrito Federal têm a responsabilidade de "proporcionar os meios de acesso à cultura, à educação e à ciência" (art. 23, V), e, inclusive, legislar sobre educação e proteção à infância (art. 24, IX e XV).

A Constituição de 1988 garante direitos específicos ao cidadão ao incluir: a licença-gestante de 120 dias, a licença-paternidade e a "assistência gratuita aos filhos e dependentes desde o nascimento até os 6 anos de idade em creches e escolas" (art. 7º, XVIII, XIX e XXV). Esses direitos proporcionam à família e, principalmente, à mãe mais tempo para se dedicar ao desenvolvimento afetivo dos bebês.

A creche e a pré-escola como instituições educativas foram finalmente reconhecidas como parte integrante do sistema educacional brasileiro. Contribuiu também nesse processo a aprovação do Estatuto da Criança e do Adolescente (ECA), Lei nº 8.069/1990, e a Lei Orgânica de Assistência Social

(Loas), Lei nº 8.742/1993. O ECA apontou os municípios como responsáveis pela infância e adolescência. A Loas aponta como objetivo da assistência social a proteção à família, à maternidade, à infância e à velhice. Contudo, no que se refere às políticas públicas, as concepções da infância, de sociedade etc. definem uma ação mais incisiva do Poder Público.

Em 1996, houve a consolidação da nova Lei de Diretrizes e Bases para a Educação Nacional (LDBEN), de 20 de dezembro de 1996, Lei nº 9.394/1996.

> A LDBEN nº 9.394/1996 estabelece as DCNEI e tem por objetivo apontar práticas de educação, cuidado no planejamento e também a implementação das propostas pedagógicas de creches.

A partir da promulgação da LDBEN/1996, a educação infantil passou a ser "destinada às crianças de até 6 anos de idade, com a finalidade de complementar a ação da família e da comunidade, objetivando o desenvolvimento integral da criança nos aspectos físicos, psicológicos, intelectuais e sociais". Segundo essa Lei, compete aos sistemas municipais de ensino a institucionalização da educação infantil em seus respectivos territórios, para que as creches e escolas se enquadrem, no prazo máximo de 3 anos (art. 89), nas normas estabelecidas por ela, isto é, contemplem o 1º nível da educação básica (exigência do inciso I, art. 21), providenciando sua autorização e exigindo de seus professores a habilitação legal em curso normal médio ou de nível superior (art. 62).

A educação infantil foi organizada em duas modalidades, apontadas pelo art. 30 da LDBEN/1996, sendo que a primeira, direcionada a crianças de 0 a 3 anos de idade, pode ser oferecida em creches ou entidades equivalentes. A segunda, para as crianças de 4 a 6 anos de idade, deve ser oferecida em pré-escolas. Essa Lei também determinou, em seu art. 31, que, na fase de educação infantil, "a avaliação deverá ser feita apenas mediante acompanhamento e registro do desenvolvimento da criança e sem qualquer objetivo de promoção ou de classificação para acesso ao ensino fundamental".

Apesar de a LDBEN/1996 garantir um espaço pedagógico que articule cuidados e educação, as crianças de nossas creches e pré-escolas apresentam muitas dificuldades no seu processo de aprendizagem, não apenas no que diz respeito a questões cognitivas, mas também a aspectos afetivos. Muitas vezes, as crianças se mostram "desligadas" da aprendizagem por não conseguirem organizar vínculos com o processo, e, nesse sentido, o educador fica perdido ao buscar soluções para isso.

Mello, citada por Portella e Franceschini (2008, p. 49), reflete a esse respeito:

> "*aprender, conhecer, investigar, saber. Necessidades culturais? Pulsões? Hábitos familiares? Por que crescer e aprender, às vezes, é tão difícil e conflituado?*

A autora aponta alguns elementos que iluminam caminhos para a resposta a essas reflexões, descrevendo que, muitas vezes, o conhecimento torna-se invasivo para crianças e adolescentes. "O conhecimento novo não é visto como interessante, belo e misterioso, mas sim como invasivo e assustador. O ambiente não é confiável o bastante para permitir que novos elementos se apresentem, alterando sua rotina" (Mello, citada por Portella; Franceschini, 2008, p. 54). Para atender às necessidades da realidade afetiva desses educandos, Mello sugere que o educador deve pacientemente auxiliar a criança e seus familiares a lidar com novas situações, estimular aos poucos a construção do conhecimento, com constância e repetição, até que ela tenha segurança e se desperte para o estudo. Assim, **o professor deve entender que a atual realidade familiar, que não se restringe apenas ao núcleo pai, mãe e filhos, sugere outro tipo de tratamento.** A autora destaca ainda que a transformação das famílias pede uma adaptação por parte da criança, pois esta transpõe os sentimentos envolvidos na mudança de sua rotina para a escola e demais contextos de sua realidade.

Nesse sentido, ao refletir sobre as problemáticas que fazem parte da trajetória da educação infantil, **é fundamental que haja preocupação com a criança, ao se prescrever ações que melhorem a qualidade da educação infantil, principalmente no que diz respeito à construção de políticas públicas e ações pedagógicas que não fragmentem o processo de ensino e aprendizagem em núcleos acessados por filhos das classes populares ou de classes mais favorecidas** economicamente. Contudo, a educação infantil precisa estar atenta a todas as necessidades das crianças e, nesse âmbito, essas instituições não podem ser apenas locais onde os pais deixam seus filhos no período em que trabalham. A creche e a pré-escola precisam concretizar a sua função pedagógica. E foi para garantir a qualidade da educação infantil que foram criadas as Diretrizes Curriculares Nacionais (DCN). Seus aspectos principais serão apresentados a seguir.

1.2 DIRETRIZES CURRICULARES NACIONAIS PARA A EDUCAÇÃO INFANTIL (DCNEI): A GARANTIA DA QUALIDADE NO TRABALHO PEDAGÓGICO E O EXERCÍCIO DA CIDADANIA

As DCNEI, por meio do Parecer da Câmara de Educação Básica (CEB) nº 22/1998, de 17 de dezembro de 1998, garantem que "o direito à Educação Básica, consagrado pela Constituição Federal de 1988, representa uma demanda essencial das sociedades democráticas e vem sendo exigido, vigorosamente por todo o país, como garantia inalienável do exercício da cidadania plena" (Brasil, 1998).

Nesse sentido, a educação infantil passa a ser reconhecida como parte integrante da educação básica e, apesar de não ser obrigatória, garante o caráter educacional para as instituições que trabalham com crianças de 0 a 5 anos.

Saiba mais

Lembre-se de que atualmente a educação infantil atende crianças de 0 a 5 anos, pois o ensino fundamental passou a ser ofertado para as crianças a partir dos 6 anos de idade. Porém, as leis específicas para esse nível de ensino contemplam a educação de crianças de 0 a 6 anos, pois, quando elaboradas, o ensino fundamental durava 8 anos e não 9 como atualmente.

O relatório da Câmara de Educação Básica do Conselho Nacional de Educação aponta que as atribuições definidas pela Lei nº 9.131/1995 têm como responsabilidade a elaboração das Diretrizes Curriculares Nacionais para a Educação Básica (DCNEB). Nessa perspectiva, a educação infantil está legalmente inserida na educação básica, pois as DCNEI descrevem os aspectos a serem observados no âmbito educacional para as crianças de 0 a 5 anos.

Com efeito, o Parecer CNE/CEB nº 22/1998 destaca ainda que a cidadania deve ser direito de todos os brasileiros. Dessa forma, o acesso à educação pode possibilitar a formação necessária para que todos os sujeitos se constituam. Assim, a educação básica é composta pela educação infantil, fundamental e média. Nessa perspectiva, o parecer destaca ainda que

> “*a integração da Educação Infantil no âmbito da Educação Básica, como direito das crianças de zero a seis anos e suas famílias, dever do Estado e da sociedade*

civil, é fruto de muitas lutas desenvolvidas especialmente por educadores e alguns segmentos organizados, que ao longo dos anos vêm buscando definir políticas públicas para as crianças mais novas.

As diretrizes apontam o trabalho com as crianças de creche e pré-escola, norteando as propostas curriculares e os projetos pedagógicos, e destacam a articulação entre as ações de educação e cuidado. O documento normatiza as práticas pedagógicas que envolvem o educar e o cuidar de crianças nas instituições de educação infantil, que devem incluir também a relação com as suas famílias, como forma de garantir a todos os sujeitos envolvidos a cidadania plena.

Nesse sentido, as propostas pedagógicas de educação infantil, citadas nesse documento, devem ser elaboradas de maneira a priorizar a qualidade e os seguintes fundamentos norteadores:

“

a. Princípios Éticos da Autonomia, da Responsabilidade, da Solidariedade e do Respeito ao Bem Comum;

b. Princípios Políticos dos Direitos e Deveres de Cidadania, do Exercício da Criticidade e do Respeito à Ordem Democrática;

c. Princípios Estéticos da Sensibilidade, da Criatividade, da Ludicidade, da Qualidade e da Diversidade de manifestações Artísticas e Culturais.

Já as propostas pedagógicas para as instituições de educação infantil, de acordo com as DCNEI, citadas no mesmo Parecer CNE/CEB nº 22/1998, "devem promover em suas práticas de educação e cuidados a integração entre os aspectos físicos, emocionais, afetivos, cognitivo/linguísticos e sociais da criança, entendendo que ela é um ser total, completo e indivisível".

Nessa perspectiva, ser, sentir, brincar, expressar-se, relacionar-se, mover-se, organizar-se, cuidar-se, agir e responsabilizar-se são partes do todo de cada sujeito, desde o nascimento, independentemente de sexo, credo, raça ou qualquer outro aspecto, e aperfeiçoam-se nas relações de interação com o outro e com o meio.

As DCNEI identificam também que as crianças necessitam de uma **educação de forma integral** e, nesse sentido,

"*aprendem a ser e conviver consigo próprias, com os demais e o meio ambiente de maneira articulada e gradual. Nesta perspectiva, as Propostas Pedagógicas das Instituições de Educação Infantil devem buscar a interação entre as diferentes áreas de conhecimento e a cidadania. Com efeito, a prática pedagógica deve envolver conhecimentos sobre espaço, tempo, comunicação, expressão, natureza.*

Assim, os educadores podem, de acordo com o mesmo documento, articular educação e cuidado, considerando "a saúde, a sexualidade, a vida familiar e social, o meio ambiente, a cultura, as linguagens, o trabalho, o lazer, a ciência e a tecnologia".

Nesse sentido, ao elaborar suas propostas pedagógicas, as instituições de educação infantil precisam promover a formação da identidade dos seus educandos, considerando também famílias, professores e demais profissionais envolvidos.

A avaliação também é contemplada nas diretrizes. Como aspecto fundamental, a avaliação não pode ser considerada um elemento de promoção para séries posteriores. Portanto, a elaboração de estratégias avaliativas por parte dos educadores deve ser a de acompanhar e registrar os avanços no desenvolvimento e na aprendizagem dos educandos.

A partir da abordagem apresentada até aqui, você pôde perceber que a legislação que se refere a esse segmento da educação ainda é muito recente. Por isso, o educador que se propuser a atuar na educação infantil, 1° nível da educação básica, encontrará na própria LDBEN/1996 um tratamento sucinto.

A partir dessa perspectiva, é importante que todos os profissionais e todas as instituições envolvidos com a educação infantil trabalhem com os princípios de colaboração entre a equipe pedagógica, a família e a comunidade, buscando condições básicas para planejar os usos de espaço e tempo escolar, a articulação das múltiplas formas de comunicação e linguagem, das manifestações lúdicas e artísticas das crianças, para que todas as DCNEI sejam realizadas com êxito.

1.3 A PEDAGOGIA NA TRAJETÓRIA DA FORMAÇÃO DO PROFESSOR DE EDUCAÇÃO INFANTIL

A exigência da formação em nível superior para os professores de educação infantil faz parte do cenário educacional há uma década e aponta a complicada relação entre a formação inicial e a busca pela qualidade da educação infantil. A LDBEN/1996 foi muito importante na trajetória dessa formação, pois ela garantiu aos educadores que atuam na educação infantil a não restrição de seu trabalho apenas aos cuidados, mas que associem à sua prática ações educativas. Nesse sentido, a formação para o nível de ensino em questão tem incentivado o debate e pesquisas inovadoras sobre os processos educacionais.

No Brasil, a LDBEN/1996, no seu art. 62, diz que

> *a formação de docentes para atuar na educação básica far-se-á em nível superior, em curso de licenciatura, de graduação plena, em universidades e institutos superiores de educação, admitida como formação mínima para o exercício do magistério na educação infantil e nas quatro primeiras séries do ensino fundamental, a oferecida em nível médio, na modalidade Normal.*

Nesse contexto, o graduando em Pedagogia que busca a formação superior para a atuação na educação infantil atende de forma plena à expectativa dos legisladores, no sentido de contemplar uma concepção mundial que eleva as condições da educação das crianças nos seus aspectos pedagógicos. As políticas educacionais contribuem para uma ação pedagógica que historicamente vem traçando caminhos difíceis no processo de ensino e aprendizagem que, nesse sentido, atenda aos pressupostos das DCNEI. Porém, a formação em nível médio ainda é uma realidade no país e obedece a uma diversidade de oportunidades sociais e econômicas de todos os envolvidos com a educação. A legislação brasileira respeita essa característica, mas, como educadores, devemos continuar a nos esforçar para propiciar a valorização do magistério em todas as suas potencialidades.

1.4 O QUE, COMO E PARA QUE TRABALHAR PEDAGOGICAMENTE NA EDUCAÇÃO INFANTIL: O REFERENCIAL CURRICULAR NACIONAL PARA A EDUCAÇÃO INFANTIL (RCNEI)

> O RCNEI é um documento oficial da Coordenação Geral de Educação Infantil do Ministério da Educação (Coedi-MEC), de 1998, e constitui-se num conjunto de orientações pedagógicas oficiais para a educação infantil que, embora não tenha caráter obrigatório, tem por objetivo orientar os profissionais da área na elaboração das propostas pedagógicas, planejamentos e avaliações em instituições e redes dos municípios.

O RCNEI foi organizado em três volumes. O primeiro, a *Introdução*, apresenta algumas considerações sobre a educação infantil e o entendimento do brincar como forma individual de expressão, pensamento, interação e comunicação das crianças. Essa parte do referido documento aponta a indissociável relação entre educar e cuidar como forma de estimular o desenvolvimento das potencialidades corporais, afetivas e éticas no processo de formação das crianças. O referencial curricular do governo relaciona claramente as ações pedagógicas como cuidar, brincar e aprender, destacando também a importância do faz de conta infantil como uma prática pela qual os professores podem acompanhar o processo de desenvolvimento das crianças, a utilização das linguagens e expressões de sentimentos e aspectos cognitivos, fundamentais para o processo de ensino e aprendizagem.

O segundo volume, intitulado *Formação pessoal e social*, apresenta concepções e princípios sobre desenvolvimento e aprendizagem infantil e apoia-se em noções de identidade e autonomia; já o terceiro volume, *Conhecimento de mundo*, destaca conteúdos de áreas específicas do saber escolar, que seriam fundamentais ao processo de construção do conhecimento da criança: movimento, música, artes visuais, linguagem oral e escrita, natureza e sociedade e matemática.

A **educação especial** também já era refletida no espaço escolar da educação infantil e, a esse respeito, o referencial definia que "o atendimento especializado oferecido a crianças com necessidades especiais era de competência da área educacional, definindo esse atendimento como Estimulação Precoce" (Brasil, 2000b, p. 5).

Tendo como objetivo sistematizar os serviços educacionais especializados, ofertados aos educandos na faixa etária de 0 a 3 anos, o Ministério da Educação (MEC) publicou as Diretrizes Educacionais sobre Estimulação Precoce, Série Diretrizes, número 3, fundamentando, assim, a implantação e atualização do referido programa. A educação especial vem sendo, portanto, discutida por instituições internacionais e pela LDBEN/1996, o que proporcionou ao país um movimento de grande representação, definindo que todos os cidadãos têm direito à educação. Nesse sentido, na LDBEN/1996, "considerando o caráter preventivo do atendimento educacional a essas crianças inclui-se [sic], também, os bebês considerados de 'risco' para o desenvolvimento normal" (Brasil, 1998b, p. 5). A partir da nova orientação sobre a educação infantil, que inclui as crianças com necessidades especiais e da atual definição de educação especial como modalidade de ensino, o MEC elaborou o RCNEI abordando, também, as estratégias e orientações para a educação desses indivíduos.

Nessa concepção, o RCNEI é um documento elaborado a partir da discussão de muitos profissionais, educadores, representantes de organizações governamentais e não governamentais, representantes das instituições de ensino superior, técnicos do Ministério da Saúde, da assistência social e da Coordenação de Educação Infantil do MEC, além de pais de alunos. Esses profissionais da área contribuíram com diversos conhecimentos oriundos de experiências práticas, reflexões acadêmicas e informações científicas.

O RCNEI foi organizado para servir de embasamento do trabalho pedagógico na educação infantil, sempre observando a individualidade de cada criança e a diversidade cultural do país.

É importante, porém, que você saiba que esse documento não tem caráter obrigatório e, portanto, você pode buscar outros referenciais para o trabalho pedagógico na educação infantil.

Nessa perspectiva, o RCNEI será utilizado como um dos elementos teóricos que subsidiam esta obra, juntamente com autores específicos da área.

A trajetória pedagógica da educação infantil evidencia as pesquisas que vêm sendo desenvolvidas por teóricos e profissionais envolvidos com o trabalho pedagógico de forma consciente. As teorias apresentadas consideram a criança desse nível de ensino como um sujeito de direitos – e eu diria muito mais que isso: é sujeito que aprende.

Atenção!!!

Você, como futuro educador, deve estar atento a todas as discussões referentes às reflexões que movem o trabalho pedagógico nessa área.

1.5 O QUE, COMO E PARA QUE TRABALHAR PEDAGOGICAMENTE NA EDUCAÇÃO INFANTIL: AS LINGUAGENS GERADORAS

Outra proposta de seleção e articulação de conteúdos em educação infantil é a denominada *linguagens geradoras*, que encontra seu referencial teórico em Junqueira Filho (2005). Tratar dessa linguagem é importante, pois por meio dela é possível produzir outro olhar sobre a seleção e a articulação de conteúdos em educação infantil, o que, por sua vez, provoca a releitura e a ressignificação do conceito de linguagem, do conteúdo programático, do papel do professor e da concepção de infância.

Nesse contexto, o trabalho pedagógico na educação infantil apresenta um conjunto de regras e princípios de funcionamento próprios e é organizado pelas linguagens que permeiam a atividade pedagógica. Cada professor faz sua leitura e interpretação das linguagens utilizadas no processo de ensino e aprendizagem com as crianças; dessa forma, ocorre uma apropriação por parte desse educador e das crianças.

> O termo *linguagem* faz parte das discussões do currículo de educação infantil há décadas. Porém, ainda hoje poucos professores associam esse termo a outros aspectos que não a oralidade e a escrita.

Junqueira Filho (2005) aborda conceitos da língua como sistema organizado por leis específicas e autônomas. Assim, destaca a influência de Piaget na educação, apontando a associação do termo *linguagem* à língua escrita e falada. A abordagem de mais de cem linguagens propagadas pela educação infantil de Reggio Emília, na Itália, também é um aspecto apontado pelo autor como uma possibilidade de significação das linguagens apropriadas pelas crianças.

Sobre o RCNEI, Junqueira Filho destaca que o movimento, a música e as artes visuais também colocam em evidência a multiplicidade de linguagens na educação infantil. O autor, ao pesquisar os referenciais teóricos citados, buscou explorar o trabalho com as linguagens à luz dos estudos de Pierce (1995).

A abordagem de Junqueira Filho (2005) sobre as linguagens geradoras também garante a perspectiva da educação infantil como espaço e lugar de aprender, mas um aprender significativo, que destaca a criança e o educador como sujeitos ativos no processo de ensino e aprendizagem. Nesse sentido, seus estudos apontam a criança como um sujeito que explora o mundo e produz dialeticamente as linguagens.

O autor também aborda com muita propriedade a necessidade de interpretação e significação do conceito de linguagem na educação. Questiona ainda como os educadores entendem a linguagem, resumindo-a à linguagem oral e escrita. Pautado na concepção de Pierce (1995), Junqueira Filho conceitua a linguagem como **toda e qualquer produção humana e da natureza, verbal e não verbal.** Assim, o movimento, as estações do ano, um *tsunami*, os sonhos, os desejos são, na perspectiva de Pierce, os mais diversos funcionamentos do ser humano e da natureza, possibilitando a inserção deste no meio.

Junqueira Filho, ao investigar as linguagens geradoras, questiona também o trabalho pedagógico na educação infantil, que ainda apresenta resquícios das abordagens das décadas de 1970 e 1980.

Segundo o autor, o trabalho com a arte, por exemplo, poderia ser explorado com mais propriedade, pois muitas vezes ela ainda se resume à prática de técnicas. Nesse sentido, a pintura, que pode ser explorada na leitura de mundo pelo viés das imagens feitas por artistas e que expressam as relações humanas em diferentes momentos históricos, é trabalhada em atividades que envolvem práticas com pincéis, rolos, esponjas, guache ou têmpera etc.

Ao refletir sobre as práticas dos professores da educação infantil, Junqueira Filho (2005) aponta alguns questionamentos que nos fazem pensar sobre a prática pedagógica de uma maneira geral. Entre eles, destacamos:

Pare e pense

Onde está o conhecimento a ser construído com base em informações históricas e sociais que se relacionam às diferentes formas de linguagem as quais o homem e a natureza comungam?

Como explorar as diferentes formas de linguagem além da oral e da escrita?

De que modo o movimento, a arte e a música podem ser linguagens integradas a outros saberes, como nos conteúdos que envolvem os números, as relações sociais, as línguas, a natureza e seus fenômenos, o espaço e o tempo? Como não dissociar esses saberes em áreas de conhecimento ou nas chamadas *disciplinas*? Como não fragmentá-los e inseri-los nos diversos contextos sociais, já que fazem parte do mundo da criança e do educador?

Pensar a respeito dos estudos desse autor leva-nos a refletir sobre a relação entre a teoria e a prática, pois uma vem ao encontro da outra quando se pensa no trabalho pedagógico consciente e contextualizado nas instituições de educação infantil.

Ainda abordando a prática pedagógica, Junqueira Filho chama a atenção sobre a brecha que há entre a educação infantil e os anos iniciais do ensino fundamental no que diz respeito ao processo de ensino e aprendizagem, pois as áreas de conhecimento são reconhecidas quando a criança entra nos primeiros anos escolares, e isso se percebe porque a metodologia utilizada reforça as atividades como elemento principal na sistematização do conhecimento. As linguagens, por sua vez, são esquecidas, assim como as brincadeiras. Na concepção de linguagens geradoras, destacada pelo autor, a educação infantil e os anos iniciais do ensino fundamental não podem ser conduzidos com base em saberes e procedimentos dissociados, mas sim continuamente, pois o educando volta seu olhar, seus gestos, sua escuta, seus pensamentos para o mundo e esse mundo é articulado pelas linguagens.

Apresentaremos os procedimentos didáticos para a abordagem desses conteúdos disciplinares no quarto capítulo desta obra – *Educação infantil: metodologias e procedimentos*. É importante também que você perceba essas abordagens em todo o texto que fundamenta os capítulos do livro. Esses referenciais, assim como outras referências, servirão de linha mestra da condução das reflexões apresentadas. Também é importante que o futuro professor não esgote os seus estudos neste texto, pois a educação infantil está em constante discussão no cenário educacional.

SÍNTESE

› Historicamente, as creches e as pré-escolas, antigamente chamadas de *jardins de infância*, foram multiplicadas para atender às necessidades das mulheres que trabalhavam em fábricas e indústrias.

› Existe uma dicotomia no que se refere à creche (visão assistencialista) e à pré-escola (visão pedagógica).

› A Constituição de 1988 foi um grande avanço no que diz respeito à educação pré-escolar.

› A LDBEN de 1996 promulgou o que vinha sendo discutido nas décadas anteriores a ela: o direito da criança à educação e a educação infantil como 1° nível da educação básica.

› As pesquisas sobre a educação infantil baseiam-se no RCNEI (de 1998), propostos pelo MEC/SEF.

Mesmo não tendo caráter obrigatório, esse documento orienta a prática pedagógica na educação infantil.

› As linguagens geradoras, concepção abordada por Junqueira Filho (2005), vêm ao encontro da necessidade de propostas significativas que considerem a criança como sujeito que tem direito à educação de qualidade e também como ser ativo no processo de ensino e aprendizagem.

INDICAÇÕES CULTURAIS

LEIS

O conhecimento sobre a legislação é importante na formação e atuação profissional, razão pela qual sugerimos a pesquisa das normas vigentes para a educação infantil. Para isso, segue uma lista dos documentos que compõem a legislação nacional. Vale, ainda, pesquisar a legislação do seu estado e município.

BRASIL. Ministério da Educação. Lei n. 8.069, de 13 de julho de 1990. **Diário Oficial da União**, Brasília, DF, 16 jul. 1990. Disponível em: <http://www.planalto.gov.br/ccivil_03/Leis/L8069.htm>. Acesso em: 27 mar. 2010.

Dispõe sobre o ECA e dá outras providências.

______. Lei n. 9.394, de 20 de dezembro de 1996. **Diário Oficial da União**, Brasília, DF, 23 dez. 1996. Disponível em: <http://www.planalto.gov.br/ccivil_03/Leis/L9394.htm>. Acesso em: 27 mar. 2010.

Estabelece as diretrizes e bases da educação nacional.

BRASIL. Ministério da Educação. Conselho Nacional de Educação. Câmara de Educação Básica. Parecer n. 22, de 17 de dezembro de 1998. **Diário Oficial da União**, 17 dez. 1998. Disponível em: <http://portal.mec.gov.br/cne/arquivos/pdf/1998/pceb022_98.pdf>. Acesso em: 22 fev. 2010.

Apresenta o texto das DCNEI.

______. Resolução n. 1, de 7 de abril de 1999. **Diário Oficial da União**, Brasília, 13 abr. 1999. Disponível em: <http://portal.mec.gov.br/cne/arquivos/pdf/CEB0199.pdf>. Acesso em: 22 fev. 2010.

Institui as DCNEI.

BRASIL. Ministério da Previdência e Assistência Social. Lei n. 8.742, de 7 de dezembro de 1993. **Diário Oficial da União**, Brasília, DF, 8 dez. 1993.

Dispõe sobre a organização da assistência social e dá outras providências.

ATIVIDADES DE AUTOAVALIAÇÃO

Leia atentamente o capítulo 1 para responder às questões a seguir. Faça também anotações individuais e questionamentos que o(a) auxiliem na compreensão do tema abordado.

[1] Na Idade Média, o poder era mantido pela sociedade feudal, que ditava as leis, a cultura, a moeda e os valores. Essa visão de sociedade refletia a visão de infância para o adulto.

Considerando a afirmação anterior, identifique a alternativa que aponta como a criança era vista nessa época:

[A] A criança era vista como uma flor e, assim, precisava ser regada para se desenvolver – **regar** significava educá-la para a sociedade capitalista.

[B] A criança era vista como um ser desprovido de conhecimento, mas suas necessidades de desenvolvimento eram reconhecidas.

[C] A criança era vista como um adulto em miniatura e suas atividades eram feitas de acordo com o modelo determinado pelo adulto.

[D] A criança era vista como um adulto em miniatura e a construção dos valores era estimulada desde os primeiros anos na própria família.

[2] Leia com atenção a afirmação a seguir:

As transformações sociais e intelectuais que marcaram a Idade Moderna também interferiram na concepção de infância.

Entre os marcos históricos dessa época, destacam-se:

[I] a Revolução Industrial, o iluminismo e a constituição de Estados laicos; assim, a criança nobre recebeu educação diferente da recebida pela criança pobre.

[II] a Revolução Industrial, o modernismo e a constituição de Estados feudais; nesse sentido, a criança pobre recebeu educação superior à educação das crianças nobres.

[III] a Revolução Industrial, o iluminismo e a constituição de Estados laicos; assim, a criança nobre recebeu amor e piedade, tratamento que não era oferecido às crianças pobres.

[IV] a Revolução Industrial, o iluminismo e a constituição de Estados laicos; assim surgiram as primeiras propostas de educação e moralização na infância.

Assinale a opção correta:

[A] As alternativas I e III estão corretas.

[B] As alternativas I e II estão corretas.

[C] As alternativas I, III e IV estão corretas.

[D] Apenas a alternativa I está correta.

[3] Entre os itens a seguir, qual aponta, historicamente, características da educação infantil no Brasil?

[A] No Brasil escravista, a criança escrava era considerada adulta após os 18 anos e, assim, assumia a responsabilidade do trabalho.

[B] Após a Abolição da Escravatura, o Brasil buscou propostas governamentais para atender às necessidades da infância, como saúde e educação.

[C] No Brasil escravista, surgiu a visão assistencialista da educação de crianças.

[D] As primeiras creches criadas no Brasil já tinham a função de cuidar e educar, ensinando as primeiras noções de alfabetização para as crianças.

[4] A concepção de educação compensatória, que surgiu na década de 1970, destacava que as famílias pobres não ofereciam condições para um bom desenvolvimento escolar de seus filhos, por isso eles repetiam o ano. A escola não considerou esses aspectos e, nesse sentido, deixou de realizar ações efetivas para superar essa problemática. Entre as ações que poderiam melhorar o quadro educacional, podemos mencionar a(s) seguinte(s):

[I] A contratação de profissionais qualificados e com remuneração justa.

[II] A atuação pedagógica dos profissionais deve ocupar-se com a educação das crianças, além das ações de cuidados essenciais.

[III] Os profissionais que se ocupam em ensinar não podem desenvolver ações de cuidado com a higiene, como a troca de fraldas dos bebês.

[IV] A existência de creches e pré-escolas que atendam às necessidades da comunidade e da sociedade.

Estão corretas as afirmativas:

[A] I e II.

[B] I e IV.

[C] I, II e III.

[D] I, III e IV.

[5] Assinale (F) quando a afirmação for falsa e (V) quando a afirmação for verdadeira em relação ao texto a seguir:

Na transição da década de 1970 para a de 1980, muitos profissionais envolvidos com a educação infantil iniciaram debates nacionais sobre as condições e necessidades da criança.

Assim, fazem parte das discussões relativas ao cenário da educação infantil:

[ ] questões sobre os direitos da infância.

[ ] a necessidade de uma concepção pedagógica voltada aos interesses da educação infantil.

[ ] a realização de políticas públicas que integrem as ações de cuidar e educar, proporcionando condições econômicas para o atendimento das necessidades infantis.

[ ] observar que a educação infantil deve ter uma visão assistencialista e, por isso, deve atender às necessidades de alimentação.

Assinale a alternativa que corresponde corretamente à resposta da questão:

[A] V, F, V, F.

[B] V, F, F, F.

[C] V, V, V, F.

[D] V, F, V, V.

ATIVIDADES DE APRENDIZAGEM

QUESTÕES PARA REFLEXÃO

[1] A LDBEN de 1996 exige a formação em nível superior para os professores de educação infantil como forma de garantir que as ações desses profissionais extrapolem os cuidados essenciais, como alimentação, higiene e segurança das crianças de 0 a 5 anos.

Com base na leitura do trecho anterior, reflita:

[A] Que saberes devem permear a prática pedagógica do professor de educação infantil em relação à educação das crianças?

[B] Em sua opinião, que avanços a LDBEN de 1996 proporcionou em relação à prática pedagógica do professor de educação infantil?

[2] As condições sociais e econômicas das famílias podem interferir em sua percepção quanto às suas responsabilidades perante a infância. Nesse sentido, reflita e discorra sobre:

[A] situações que caracterizam a infância roubada pelo trabalho infantil e abandono;

[B] a falta de tempo da família para acompanhar o processo de desenvolvimento e aprendizagem das crianças.

ATIVIDADES APLICADAS: PRÁTICA

[1] Forme um grupo com mais três colegas e pesquise sobre a situação da educação infantil em seu município, utilizando notícias de jornais, artigos da internet etc.

[A] Em grupo, procurem professores que atuem há mais de uma década na educação infantil e perguntem como era vista a necessidade da creche e da pré-escola antigamente.

[B] Também em grupo, estudem a LDBEN de 1996 e discutam os aspectos históricos e políticos, adequando-os à realidade do seu município, com ênfase para a educação infantil. Façam anotações individuais sobre o material pesquisado.

[C] Discutam os depoimentos em grupo e, durante o estudo, elaborem frases de reflexão sobre o assunto.

[D] Em grupo, elaborem um texto e um quadro demonstrativo sobre o que foi observado como avanços nesse sentido. O quadro pode ser feito em forma de painel ou cartaz.

[E] Planejem a apresentação, utilizando multimeios, com base na produção de um texto reflexivo sobre os itens [a] e [b].

Nessa etapa, observem os seguintes passos:

› escolham um coordenador para a equipe e um relator que anotará todo o processo de planejamento e elaboração da apresentação;

› em conjunto, definam um título para a apresentação;

› definam os objetivos que desejam alcançar;

- escolham os meios (texto impresso, gravador de áudio e vídeo, aparelho de TV, retroprojetor, computador, projetor de multimídia, transparência etc.) a serem utilizados;
- cada integrante deve registrar por escrito suas ideias e suas dúvidas sobre o tema;
- definam, em conjunto, que pontos cada um deverá pesquisar para ampliar o assunto e dividam as tarefas para cada membro da equipe;
- o grupo deve estabelecer um horário e um local para a reunião e apresentar os resultados da pesquisa individual e da tarefa de cada um, assim como a integração das tarefas;
- elaborem a apresentação integrando o texto e o painel ou cartaz produzidos.

Elaboração da apresentação:

A equipe deve:

- utilizar os meios, os materiais e o texto produzido após a pesquisa;
- organizar e integrar os textos e as ideias de cada participante;
- redigir o roteiro com base nos textos e materiais pesquisados.

Apresentação:

Nessa fase final, é necessário:

› apresentar o trabalho às demais equipes;

› solicitar aos colegas que façam uma avaliação oral e por escrito do trabalho, indicando seus limites e pontos positivos;

› recolher a avaliação;

› anexar a avaliação dos colegas ao texto que o relator do grupo vem construindo e juntar ao portfólio do grupo.

[2] Com base no trabalho realizado, escreva um relatório registrando como foram o planejamento e a elaboração da apresentação, comentando as dificuldades encontradas, as superações e as constatações positivas. Indique os objetivos definidos e os resultados encontrados. Faça uma análise da avaliação dos colegas sobre a apresentação do grupo. Finalize o relatório apresentando suas considerações finais sobre o projeto.

dois...

Cuidar e educar: um compromisso educacional

Este capítulo destina-se a apresentar a **articulação entre cuidar e educar na educação infantil.** Os aspectos abordados têm o objetivo de fazer você refletir sobre a diferença existente entre as duas ações, percebendo que não existe uma ação mais importante que a outra, já que ambas são indissociáveis e devem ser trabalhadas considerando-se as necessidades e as potencialidades de cada grupo de crianças. A abordagem sobre a articulação entre cuidados e educação também contemplará as práticas pedagógicas que exemplificam como esses dois eixos podem ser desenvolvidos de forma a proporcionar a formação integral da criança, considerando-a como um sujeito ativo no processo de construção do conhecimento.

A **autonomia** será um ponto essencial a ser conquistado pelo futuro professor de educação infantil ao elaborar sua proposta pedagógica na instituição em que atuará. Outra questão a ser apontada como parte integrante do planejamento e sua prática é a rotina a ser estabelecida com as crianças de berçário, maternal e pré-escola.

Atenção!!!

É importante que você tome todas as sugestões e reflexões apresentadas neste capítulo como propostas a serem pensadas e reelaboradas de acordo com a sua realidade. Tais atividades não são receitas prontas, mas apontam caminhos e possibilidades de ações pedagógicas para as crianças de 0 a 5 anos.

Em relação aos aspectos citados, Bassedas, Huguet e Solé (1999, p. 54) destacam as finalidades da etapa da educação infantil, sendo a primeira "potencializar e favorecer o desenvolvimento máximo de todas as capacidades, respeitando a diversidade e as possibilidades dos diferentes alunos". Nessa perspectiva, devemos considerar que as creches e as pré-escolas são um excelente espaço para contextualizar o desenvolvimento das potencialidades das crianças, pois nesses lugares os pequenos têm experiências que lhes apontam sucessos e fracassos, compartilham sentimentos, desatam os nós da convivência com o outro, com as regras, lidam com situações e problemas diversos etc. Isso tudo lhes possibilita ampliar suas habilidades cognitivas, ou seja, a cada situação enfrentada, a criança aprende e se desenvolve.

"Compensar as desigualdades sociais e culturais" é a segunda finalidade proposta por Bassedas, Huguet e Solé (1999, p. 54). Com esse objetivo, a intenção é situar a criança em sua singularidade ante a diversidade cultural, social e econômica em que está inserida. Cada criança tem sua própria maneira de expressar-se, o que pode ajudar o educador a perceber as carências de cada uma. Sabemos que a diversidade existente na sociedade traz também lacunas nos aspectos afetivos e cognitivos e, entendendo esse processo, o professor pode contribuir no desenvolvimento integral dos educandos. De acordo com as mesmas autoras, "uma das finalidades da escola de educação infantil seria a de compensar as diferenças quando as crianças são muito pequenas e ajudar a prevenir possíveis dificuldades posteriores no decorrer da escola obrigatória e vida adulta" (p. 54).

Como terceira finalidade, Bassedas, Huguet e Solé, no que diz respeito ao aluno, citam que é importante prepará-los "para um bom acompanhamento da escolaridade obrigatória" (p. 54). Conforme abordado no primeiro capítulo, sobre a superação da educação infantil compensatória, essa etapa da vida escolar da criança precisa ter identidade própria, com estrutura e funcionamento coerentes com a organização de objetivos específicos às necessidades das crianças de 0 a 5 anos.

Os objetivos apontados pelas autoras levam à reflexão sobre o desenvolvimento e a aprendizagem adequados das crianças, pois consideram que elas estão inseridas em um ambiente favorável à construção dos diferentes saberes. Nesse sentido, mesmo não se considerando a escolarização como objetivo, essa etapa escolar coloca a criança em condições de ser escolarizada nos anos iniciais:

"*mesmo estando absolutamente de acordo com as críticas à escolarização na pré-escola, não se pode negar que é preciso ter uma estreita relação entre a etapa infantil e os primeiros cursos da etapa do ensino fundamental. É importante que entendamos que, na escola, as crianças estão em contato com os expoentes culturais da sociedade em que vivem, sendo necessário que isso sirva, aos poucos, para que elas se apropriem desse aspecto, ao nível que lhes seja possível em sua idade.* (Bassedas; Huguet; Solé, 1999, p. 54)

Assim, mesmo não desejando a escolarização precoce, é preciso que a criança tenha acesso à cultura e ao seu meio social.

Procuramos, neste ponto, provocar a reflexão sobre a articulação entre **cuidar** e **educar** por meio da apresentação de práticas vivenciadas na sala de aula. Leia com atenção!

É interessante que você reflita sobre os relatos de aulas que encontrará ao longo deste livro. O objetivo desse encaminhamento é dividir com você as experiências vivenciadas ao longo de nossa trajetória nas instituições de educação infantil nas redes pública e privada, que fizeram parte da construção do nosso conhecimento em educação infantil.

Relatos da prática

Uma vivência na pré-escola

Era uma tarde de outono. Ao entrar na turma do pré, observei que uma das crianças estava triste. Eu me aproximei dela, sentando no chão para ficar mais próxima. Olhando nos seus olhos, perguntei se algo tinha lhe acontecido, porque ela parecia triste. Ela me olhou nos olhos e, como se esperasse aquele momento, contou-me que sua mãe havia ficado brava com ela quando tentou cortar suas unhas, porque ela resistiu e não deixou. Percebi que eu poderia fazer algo, mas o quê?

Esse relato mostra um cenário comum na sala de aula e nos faz refletir sobre o papel do professor nas instituições de educação infantil. Ao longo da história, podemos perceber que a ação de cuidar das crianças enquanto suas mães ou responsáveis trabalham permeou praticamente toda a atividade nas creches e nas pré-escolas. Porém, a partir da década de 1980, educadores, pedagogos e professores começaram a perceber que era necessário articular ações de cuidados a conteúdos sistematizados. Em reuniões pedagógicas, as discussões entre alguns desses profissionais apontavam que as crianças, desde o berçário, já interagiam umas com as outras, com os objetos e com o meio, de maneira interessada e curiosa. No entanto, ainda havia dúvidas quanto aos aspectos metodológicos a serem desenvolvidos, em parte por falta de conhecimentos específicos, já que até essa época não se exigia formação para as pessoas que trabalhavam na educação infantil.

Pare e pense

Contação de histórias para bebês? E eles entendem alguma coisa? É possível estimular o desenvolvimento de linguagens em crianças tão pequenas?

Desenvolvendo trabalhos em cursos de capacitação, em diferentes regiões do país, muitas vezes ouvimos de educadores questionamentos sobre a aplicabilidade da contação de histórias para crianças de berçário, pois eles as consideravam muito pequenas e, por isso, sem condições de entenderem o que lhes seria contado. Apesar da resistência, o quadro foi se modificando, pois muitos educadores já tinham mais de

10 anos de experiência, o que era aproveitado e sistematizado ao se discutir conteúdos voltados à concepção de desenvolvimento e aprendizagem, corporeidade, importância do brincar e linguagens, entre outros. Em aproximadamente 2 anos de trabalho, já se tornava comum ver materiais pedagógicos elaborados por eles e utilizados nos berçários, num espaço para estimular crianças de apenas 8 meses de idade.

Esse momento fazia parte da transformação que a educação infantil sofria. A LDBEN de 1996 preconiza que "a educação infantil, como primeira etapa da educação básica, deve ser oferecida em creches e pré-escolas às crianças de zero a seis anos" (Brasil, 1996).

Contudo, conforme abordamos no primeiro capítulo sobre história da infância, a partir da LDBEN de 1996 surgiram documentos significativos e que orientam as concepções pedagógicas e suas práticas. Entre esses documentos está o RCNEI, do qual destacamos o seguinte trecho:

> *Educar significa, portanto, propiciar situações de cuidados, brincadeiras e aprendizagens orientadas de forma integrada e que possam contribuir para desenvolvimento das capacidades infantis de relação interpessoal, de ser e estar com os outros em uma atitude básica de aceitação, respeito e confiança, e o acesso, pelas crianças, aos conhecimentos amplos da realidade social e cultural.* (Brasil, 1998b, p. 23)

Para conceituar ou melhor caracterizar o educar de acordo com a perspectiva de Junqueira Filho (2005), apontamos um dos objetivos que esse autor cita como elemento norteador de sua proposta com as linguagens geradoras: "Conceituar crianças e professores como sujeitos-leitores, uns dos outros, interlocutores em produção de um diálogo finito e ilimitado em busca de conhecimento e intervenção sobre si e o mundo" (p. 11). Com base nesse objetivo, o ato de educar é concebido considerando-se a interação intencional entre professor e educando, o que, para Junqueira Filho, ocorre por meio de uma multiplicidade de linguagens "em que as crianças produzem-se como crianças, os professores produzem-se como professores e, juntos, produzem a relação pedagógica" (p. 11).

A propósito de como o professor poderia articular cuidado e educação, apresentaremos alguns planejamentos referentes a conteúdos com a finalidade de orientar a ação pedagógica do professor.

Atenção !!!

Lembre-se de que os planos descritos aqui não têm como objetivo propor fórmulas prontas para a prática pedagógica, pois foram elaborados com base na observação da realidade de crianças de diferentes estados brasileiros, cabendo, assim, a cada professor, produzir o seu planejamento de acordo com as características de seus alunos.

2.1 CUIDAR E EDUCAR NA PRÁTICA: COMO TRABALHAR A HIGIENE

As atividades propostas a seguir podem ser desenvolvidas no maternal e no pré-escolar. O conteúdo explorado é a higiene e o objetivo é identificar os hábitos que podemos construir quando enfocamos os cuidados com o corpo para a promoção da saúde. Vivenciar brincadeiras para o desenvolvimento da imagem corporal e sua relação com o meio também é objetivo desse encaminhamento, já que a percepção e o movimento integram os saberes a serem abordados.

Saiba mais

Utilizamos os termos *berçário*, *maternal* e *pré-escola* porque correspondem a uma das maneiras de dividir os níveis nas instituições de educação infantil. Podem ser encontradas outras terminologias para nomear as divisões. A sugestão é que o berçário seja dividido em dois níveis (1 e 2) e contemple os bebês de até 2 anos; o maternal 1 pode contemplar crianças de 2 a 3 anos e o maternal 2, ou pré-escolar, as crianças com idade até 5 anos.

UMA AULA, NÃO UM MODELO!

Ao iniciar a aula, você pode convidar as crianças a formar um círculo de que você também fará parte. Pergunte como elas percebem os cuidados de higiene no cotidiano. **Como fazem? Quem as auxilia? E o que sabem sobre o tema?** Esse momento é importante, pois a criança tem a oportunidade de expressar verbalmente seu conhecimento sobre o tema, deixando clara sua realidade. Você pode utilizar, na sequência, cartazes com desenhos ou figuras de crianças em situações de higiene e os materiais utilizados nas ações. Com esses recursos, explique que a higiene corporal é necessária para mantermos a saúde. O conteúdo deve ser fundamentado teoricamente, devendo-se utilizar livros pedagógicos da área de ciências.

Após a apresentação do tema, proponha às crianças que façam uma atividade chamada *banho de papel*. Para isso, todos devem continuar em círculo, mas no pátio, debaixo de uma árvore ou em algum lugar que for acessível. Inicialmente, comente com as crianças sobre quais são as partes do corpo: cabeça, cabelos, braços, axilas, unhas, abdômen, joelhos, pés, dedos etc. Após a exploração, diga que vão iniciar o banho. Ofereça uma folha de papel para cada criança e peça que a amassem com as duas mãos e, em seguida, a desamassem. Assim, além de estimular a coordenação motora fina, a folha de papel ficará mais maleável. Diga que devem amassá-la novamente, formando um sabonete, pois geralmente é isso que usamos para higienizar o corpo. Peça, então, que, com mímica, abram o chuveiro e imite, com as crianças, as ações do banho. Ainda com mímica, faça de conta que vai fechar o chuveiro. Nesse momento, fale sobre a importância da água e por que devemos economizá-la. Em seguida, peça que desamassem a folha de papel e deixem-na no formato de xampu. A brincadeira continua até que todas as ações do banho sejam trabalhadas.

Ao final, para a avaliação do trabalho, sente-se com as crianças e converse sobre a experiência, dando espaço de fala para todas, aproveitando para explicar e aprofundar o assunto. A conversa apontará a você o significado que os alunos deram ao conteúdo trabalhado e os caminhos e recursos que podem ser utilizados na sequência.

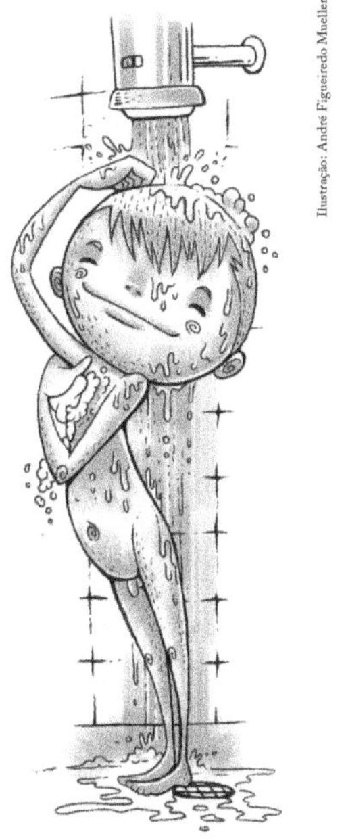

Brincando de banho

REFLETINDO SOBRE A AULA

Entre as muitas funções da escola, **educar é a fundamental**. Ao sistematizar temas e vivências das crianças em seu cotidiano, a escola cumpre essa função. Por isso, a aula apresentada justifica-se por integrar o conhecimento sobre o corpo em diferentes dimensões às ações de cuidado, o que pode ser visto em uma perspectiva inversa, desde que ambas caminhem unidas e contextualizadas.

No início deste capítulo, mencionamos uma conversa com um aluno de pré-escola sobre uma situação que ele viveu com sua mãe, que queria cortar-lhe as unhas. Evidentemente, trata-se de uma ação de cuidados, porém, para articular com o educar, devemos partir de uma situação real, na qual o aluno aponta sua realidade e seu conhecimento. Dessa forma, cuidados e educação são sistematizados e integrados por meio de recursos didáticos, lúdicos e fundamentação teórica, que fará o aluno ampliar seu conhecimento. Aproximando-se dessa proposta, Abramowicz e Wajskop (1999, p. 13) explicam:

> *A programação diária deve contemplar momentos de trabalho orientado e momentos livres, além da higiene e da sua alimentação. O mais adequado é que se possam estabelecer vínculos entre os trabalhos propostos e as brincadeiras das crianças, através da oferta de materiais e espaços comuns, articulados em torno dos projetos desenvolvidos.*

Nesse sentido, a articulação entre cuidar e educar integra os saberes sobre o corpo, a higiene, a alimentação, a saúde, as ciências, a matemática, as línguas, o movimento e a arte.

> Considerando-se a criança um ser integral, que se desenvolve social, corporal, cognitiva e afetivamente, a prática pedagógica ocorre na interação entre educando e educador, o qual, por isso, deve aproveitar as experiências, os interesses, as motivações e os conhecimentos prévios das crianças.

Assim, a dimensão que envolve o termo *cuidar* na primeira infância encontra novas faces conceituais, e aqui destacamos que **o cuidado implica cuidar do outro em todos os aspectos.**

Montenegro (2001) reflete sobre os significados do "cuidado" ao desenvolver a concepção de que parte de um programa de formação consiste na educação moral dos educadores. Nessa perspectiva, é preciso nos desvencilharmos do conceito de cuidado como uma capacidade primária, pois se uma ética de cuidado não depende de disposições inatas ou precoces, é possível torná-la objeto de um programa de formação que visa preparar pessoas para a atividade de cuidado, e essa formação tem relação moral.

Ao conceito de cuidado na educação infantil, Montenegro (2001) soma os componentes morais, cognitivos e sociais, inseridos num contexto cultural, e destaca a importância de os profissionais da educação infantil abordarem a educação moral. Nesse sentido, a ação de cuidado pode ser definida em um duplo sentido, um envolvendo a ação do pensamento e da reflexão e outro a aplicação do espírito, o que, para a autora, é concretizado em atitudes para com o outro, confirmando a explicação dada pelos etimólogos sobre o termo *cuidar*, voltado para a objetividade e para a subjetividade.

Porém, nem sempre o cuidado é entendido como um segmento da prática pedagógica na educação infantil. Muitas vezes, presenciamos nas instituições de atendimento às crianças pequenas uma hierarquização entre as funções de professores e outros profissionais, como as "cuidadoras", que não possuem formação docente. Há aqueles professores com melhor formação e que, por isso, consideram-se mais preparados para as atividades educativas tomadas como escolarizantes, assim como há os que ainda não possuem formação específica para realizar tais atividades e, consequentemente, são subdelegados às funções de cuidado, como alimentação, banho, troca de roupa e de fraldas e higiene.

Nesse sentido, Montenegro (2001), em sua tese de doutorado sobre os aspectos morais como parte da formação para o cuidado na educação infantil, partiu da articulação entre cuidado e educação, destacando que, mesmo que essas ações nunca tenham estado separadas, na ação do professor devem ser pensadas de modo integrado.

Conforme essa perspectiva, Montenegro afirma ainda que as ações de cuidado podem ser enriquecidas pelo trabalho de profissionais formados para o desenvolvimento de atividades programadas. Assim, o futuro educador pode refletir sobre as ações das pessoas envolvidas com as crianças na creche e na pré-escola quando dissociam o **cuidar do educar** no trabalho das auxiliares e das professoras, separando ações que podem e devem caminhar integradas. **Pensar sobre o cuidado, nessa concepção de integração às atividades educativas, é entender *o cuidar* com uma significação emocional, exigindo do profissional habilidades para as relações interpessoais.**

A abordagem de Montenegro vem ao encontro das reflexões apontadas neste nosso texto, no que se refere à articulação entre cuidado e educação e à importância da relação afetiva entre o professor e a criança na educação infantil. Essa relação de afeto não ocorre apenas no sentido de "acarinhar", de "utilizar palavras carinhosas", mas no estudo que esse profissional desenvolve, e no qual também está inserido, como se percebe pelas pesquisas da autora. Mas o afeto que o educador se propõe a doar para a criança na educação infantil deve partir de sua formação, de suas pesquisas, dos cursos de capacitação de que participa, das reflexões sobre suas leituras, para que possam ser interiorizados conceitos articulados às vivências com os pequenos. **O ato de cuidar, nesse sentido, torna-se uma ação pedagógica.**

Na tentativa de aprofundar o conceito de cuidado, destacamos a abordagem de Montenegro (2001, p. 66), em que explica que o cuidado está carregado de emoções. No entanto, o professor, na sua prática, "possui habilidades um tanto técnicas para lidar com as relações interpessoais". Nas palavras dessa autora, destacamos mais esta reflexão:

> *No entanto, se o cuidado está presente nas relações estabelecidas em todas as profissões que envolvem a relação entre as pessoas em que a saúde, a vida ou o crescimento do outro dependem dessa relação, a educação infantil constitui um campo paradigmático para esse estudo, pelo caráter ampliado das polarizações entre o campo da afetividade e da racionalidade.* (Montenegro, 2001, p. 82)

Contudo, ainda existem resquícios da visão assistencialista da educação infantil, o que estabelece certa hierarquização entre quem cuida e quem educa, como se percebe nas ações da auxiliar, que faz a troca, alimenta etc., e do professor, que desenvolve as atividades pedagógicas.

Pare e pense

Quais devem ser as atitudes do professor que se propõe a cuidar e a educar?

Montenegro entende que a ação moral de cuidar traduz-se em generosidade, que possui um significado moral. Assim, destaca a relação entre o cuidado e as mulheres. Aponta que essas ações não são valorizadas socialmente, mas, na tentativa de superação dessa visão, podem ser associadas à autonomia e não à dependência. Baseando-se em Descartes, em *As paixões*, art. 153, citado por Cottingham (1995), a autora explica que, quando uma pessoa pratica uma ação generosa, está conscientizando-se de suas paixões, despindo-se de centrar-se apenas em si mesma e propondo-se a ter boas atitudes em relação ao outro.

Assim, refletir e responder à pergunta **“Quais devem ser as atitudes do professor que se propõe a cuidar e educar?”** é pensar que essa ação moral não se restringe à noção de justiça, mas também identifica o caráter pessoal na resolução dos chamados *conflitos morais*.

Com efeito, cabe aos profissionais da educação infantil, da creche e da pré-escola refletir sobre suas ações com as crianças, ao lidar com toda a diversidade social, cultural e econômica expressa nas interações dos pequenos no espaço escolar. Sabemos que a escola é um reflexo da sociedade e, nesse sentido, os pequenos expressam gestos, palavras e comportamentos de acordo com o meio em que vivem. **Não é função do educador julgar esses comportamentos, mas, sim, auxiliar a criança a identificar suas próprias atitudes no sentido de construir ações autônomas e dignas.** Desse modo, ao despir-se de “pré-conceitos” em relação às condições sociais, culturais e econômicas, entre outras, em que as crianças estão inseridas, o educador constrói atitudes positivas em relação a si e ao outro.

Pare e pense

O que mais o professor poderia fazer quanto às necessidades das crianças referidas no início deste capítulo?

No caso da criança do exemplo *Relatos da prática*, que chegou à escola expressando corporal e oralmente sua tristeza por conta da situação vivenciada em casa, o professor necessita ter conhecimento sobre a importância da afetividade e também da psicomotricidade. O ser humano exprime seus sentimentos pelo corpo, pelo olhar, pelos gestos. A afetividade é uma área significativa na relação ensino--aprendizagem. Quando decodificamos os aspectos afetivos nas reações das crianças, como ansiedade, medo e frustração, podemos buscar caminhos para dar significado a esses sentimentos presentes nas relações humanas.

Assim, ao conversar com a criança, a professora em questão foi além da significação de seus sentimentos. Ela também encontrou o momento propício para intervir pedagogicamente nos interesses e nas necessidades infantis.

Ao desenvolver a aula sobre higiene e aprofundar o tema, espera-se que o aluno relacione os conteúdos com a experiência vivida e, a partir daí, mostre autonomia nos cuidados corporais, que passam então a ser fundamentados pelo conhecimento pesquisado e organizado pelo professor.

Nesse contexto, citamos o RCNEI (Brasil, 1998b, p. 24): "a base do cuidado humano é compreender como ajudar o outro a se desenvolver como ser humano".

2.2 CUIDAR E EDUCAR NA PRÁTICA: COMO TRABALHAR AS ÁREAS SENSORIAL E PERCEPTIVA

Esse plano pode ser direcionado ao berçário e tem como conteúdo as áreas perceptiva e sensorial. Os objetivos são identificar sensorialmente as partes do corpo para o desenvolvimento do esquema corporal, perceber ações do banho como forma de cuidados higiênicos com o corpo no cotidiano e estimular a oralidade a partir de verbalizações onomatopeicas e balbucios na hora do banho. O espaço do banho será organizado para que o bebê se sinta confortável. Para isso, é importante observar a temperatura da água. Por terem pele mais sensível, as crianças podem se queimar a temperaturas mais baixas do que as suportadas pelos adultos.

> No mercado, existem termômetros próprios para medir a temperatura da água. Caso você não tenha acesso a esse recurso, coloque a parte inferior do antebraço na água e perceba se está morna. A temperatura pode variar entre 35 °C e 37 °C graus e deve adaptar-se à estação do ano.

Coloque o bebê na água com cuidado e suavidade. É importante, nesse momento, falar com ele sobre o que será feito, olhar nos seus olhos, perceber sua expressão. Você pode colocar uma música infantil para tocar, para que o ambiente fique mais aconchegante. O momento da higiene é propício para estimular a oralidade do bebê, falando o nome das partes do corpo cada vez que as tocar. Ofereça também pequenos brinquedos, como bichinhos ou chocalhos de borracha, livros próprios para serem manuseados no banho etc., os quais também devem ser nomeados.

A criança de 0 a 1 ano ainda não expressa verbalmente o que deseja, porém emite sons como balbucios e onomatopeias, que podem servir de base para o adulto estabelecer um diálogo com ela. Ao perceber a possibilidade de comunicação entre ela e o adulto, a criança sente-se estimulada a interagir.

Com isso, você pode observar as reações da criança nos aspectos sensoriais e orais. É um trabalho contínuo, que deve ser avaliado conforme o aprendizado e o desenvolvimento da criança e as relações que ela estabelece à medida que é estimulada.

Ilustração: André Figueiredo Mueller

Estimule o bebê no banho

Como abordamos até aqui, as ações *educar* e *cuidar* são indissociáveis no que diz respeito à função pedagógica da educação infantil. Tal concepção deve-se ao fato de as duas ações estarem ligadas uma a outra historicamente, pois as discussões a esse respeito têm sido estabelecidas tanto com as escolas como com as famílias. Porém, é certo que essa articulação, geralmente mal-interpretada, levou a uma concepção reducionista da ação de cuidar. Muitas vezes, o pedagógico é entendido como a prática de atividades ligadas ao ensino de um conteúdo, que, por sua vez, refere-se apenas a conceitos. Nesse sentido, tais atividades se diferenciariam das ações humanas, que também fazem parte do processo de desenvolvimento e aprendizagem infantil. Essa dicotomia ainda encontra resistência por parte de educadores e familiares e, por isso, a educação infantil ainda carece de clareza sobre a concepção de criança como sujeito de direitos e que necessita ser educado e cuidado.

Atenção !!!

Ainda hoje há educadores que resistem à formação, argumentando que, para trocar fraldas, não precisam estudar. Respostas como essa demonstram que ainda há muito que se avançar na educação infantil de qualidade no país.

Os Parâmetros Curriculares Nacionais de Qualidade para a Educação Infantil (Brasil, 2006) definem que as crianças devem "ser auxiliadas nas atividades que não puderem realizar sozinhas; ser atendidas em suas necessidades básicas físicas e psicológicas e ter atenção especial por parte do adulto em momentos peculiares de sua vida".

Pare e pense

As crianças dependem dos adultos para garantir a sua sobrevivência. Então, como fica a construção da autonomia?

Podemos pensar o ato de cuidar no sentido de ajudar a criança em seus desafios, objetivando o desenvolvimento de sua autonomia. Para Kamii e Devries (1986, p. 36), "a essência da autonomia é que as crianças tornem-se aptas a tomar decisões por si mesmas levando em consideração os fatores relevantes para agir da melhor forma para todos". Nesse sentido, embora as crianças dependam do professor, este pode proporcionar ações concretas no sentido de levá-las à independência, estimulando-as à tomada de decisões em suas escolhas, proporcionando interações com o outro, com os objetos e com o espaço. Assim, a organização do espaço pelo professor deve considerar o desenvolvimento da cooperação e da superação.

Ao se organizar o espaço da sala de aula, por exemplo, o ambiente deve ser projetado de forma criativa, observando-se o cotidiano da criança. Onde ficará a água? Longe ou perto do alcance dos pequenos? Onde ficarão os brinquedos, os livros e os fantoches? Como desenvolver a rotina, de maneira a organizar o trabalho pedagógico e, ao mesmo tempo, possibilitar um ambiente de interação?

De acordo com o RCNEI (Brasil, 1998b, p. 24), "cuidar significa valorizar e ajudar a desenvolver capacidades. O cuidado é um ato em relação ao outro e a si próprio, que possui uma dimensão expressiva e implica em procedimentos específicos".

Com efeito, a concretização da concepção de educar e cuidar em práticas educativas é um grande desafio para os profissionais da educação infantil e familiares. Tal questão demonstra a estreita relação entre as instituições **educação infantil** e **família**, sendo que ambas precisam ter clareza de seus papéis e responsabilidades.

O educador infantil tem um compromisso ético, que é evidenciado na sua relação com a criança. Observe a citação a seguir: "a primeira função da educação é ensinar a ver – eu gostaria de sugerir que se criasse um novo tipo de professor, um professor que nada teria a ensinar, mas que se dedicaria a apontar os assombros que crescem nos desvãos da banalidade cotidiana" (Alves, 2004).

A proposta de Alves a respeito da ação do professor é que se deve investir num processo de ensino e aprendizagem em que estão envolvidos, além do educador, desejos, curiosidades, necessidades e interesses dos educandos. O professor saberia que toda criança, principalmente a que frequenta a educação infantil, ao entrar na escola pela primeira vez, está curiosa e quer conhecer o novo, o diferente. Assim, tem a necessidade de expressar-se. Pensando nisso, você pode organizar um ambiente no qual a criança sacie sua necessidade de tocar, sentir, ouvir, falar, movimentar-se e demonstrar suas emoções e sentimentos. Você pode também, nesse momento, aproveitar para estimular e orientar as vivências da criança, o que favorece o desenvolvimento da socialização, integrando numa abordagem dinâmica o cuidar e o educar.

A prática pedagógica do educador deve considerar a criança um sujeito de direitos, como a própria Constituição estabelece, um sujeito com direito de brincar, de conhecer, de questionar, ou seja, um sujeito que constrói seus saberes. **Isso possibilita uma educação que liberta e, nessa perspectiva, o papel do professor é de mediador e não de detentor do conhecimento.** Como explica Freire (1986, p. 46), "a educação libertadora é, fundamentalmente, uma situação na qual tanto os professores como os alunos devem ser os sujeitos cognitivos, apesar de serem diferentes".

Com efeito, o professor que desejar despir-se de "pré-conceitos" em relação às condições sociais e econômicas das crianças refletirá sobre a infância em sua totalidade, mas percebendo a individualidade de cada criança, que traz consigo uma história de vida. Assim, ao iniciar uma atividade educativa, você pode propiciar momentos de troca, de interação, estimulando a reflexão sobre os saberes e as ideias entre as crianças. Nesse momento, a ação mediadora do professor ocorre por meio de questionamentos, dinamizando o diálogo com seu conhecimento para que as crianças se sintam à vontade para falar, dar suas opiniões e, portanto, conhecer realidades distintas daquelas em que estão inseridas.

É fundamental que o professor e todos os adultos envolvidos no processo de ensino e aprendizagem na educação infantil tenham consciência de que a construção do conhecimento somente é significativa quando há troca e sentimento de reciprocidade entre os sujeitos, quando um valoriza o outro e sabe que pode aprender com ele, por meio da convivência e das relações estabelecidas no contexto da diversidade cultural. O trabalho do educador, nesse sentido, exige uma postura objetiva, clara e consciente, que envolve criatividade e transformação, de forma a priorizar uma prática voltada às necessidades e interesses do educando e não centrada no professor e em seus preconceitos.

A formação de docentes também precisa buscar metodologias que possibilitem a construção da identidade profissional do professor em sua formação inicial e continuada, na (re)elaboração diária e contínua da qualidade de sua prática pedagógica, além do reconhecimento e da valorização do seu trabalho. **Como todo profissional da educação, o educador infantil necessita compreender-se principalmente como um sujeito que aprende, sabendo que o seu fazer docente se constrói com base em reflexões, análises e reconstruções acerca de si mesmo.** Assim, a inserção desse profissional na realidade escolar – o relacionamento estabelecido com os educandos, com as famílias destes, com os outros profissionais envolvidos e com a comunidade escolar –, de forma integrada, é uma maneira de qualificar sua prática e assim possibilitar eixos condutores qualitativos para um processo educativo pautado nos princípios de uma educação emancipadora e libertadora.

Para Bassedas, Huguet e Solé (1999, p. 132), a afetividade, inserida nas relações cotidianas entre adulto e criança na educação infantil, é indispensável para que a criança se sinta segura e veja no professor a figura de alguém que "possa cuidá-la e protegê-la, compreendendo-a em suas interrogações e angústias para poder explorar e estimular todas as suas capacidades". As autoras comentam que o professor é um referente, um interlocutor, uma ajuda no processo do crescimento infantil.

Nas palavras de Bassedas, Huguet e Solé (1999, p. 133):

> *Na escola, encontramos uma grande variedade de situações nas quais os meninos e as meninas manifestam sua alegria, a sua insegurança, os seus temores. É muito importante a maneira como as educadoras tratam essas situações para que se consiga o bem-estar necessário da criança, para que ela possa aprender e desenvolver-se com segurança.*

Nesse sentido, as situações educativas vivenciadas pelo educando na escola e o tratamento por ele recebido das pessoas envolvidas serão muito importantes na formação do conceito de si mesmas.

Sobre esse aspecto, Bassedas, Huguet e Solé (1999, p. 54) destacam: "Paralelamente à função social da escola infantil, é preciso recordar que, como todas as outras etapas, a sua função é também educativa; seu trabalho deve desenvolver ao máximo as capacidades de todos os alunos, através dos conteúdos educativos próprios para a etapa".

Com efeito, a escola infantil precisa organizar a proposta pedagógica com base em situações e experiências que possibilitem a aprendizagem de habilidades, atitudes, conceitos e, assim, ampliar o desenvolvimento das capacidades envolvidas nesse processo.

Educar, nessa perspectiva, significa, portanto, **proporcionar à criança tempo, espaço e vivências de formas e natureza diversas**, por meio de recursos como ludicidade, oportunidades de expressão e representação que potencializem a capacidade de a criança reconhecer-se como sujeito, de estar com outras pessoas, convivendo e aprendendo com a diversidade sociocultural.

2.3 ATITUDES PEDAGÓGICAS DE EDUCAÇÃO E CUIDADOS NO BERÇÁRIO

A seguir, serão apresentadas algumas orientações gerais para o professor sobre organização do ambiente e interação com o bebê, além de atividades a serem utilizadas no berçário.

Orientações:

› **Prepare o ambiente do berçário** de maneira que todos os bebês interajam com o espaço, com você e com os materiais. Coloque os bebês sobre um tapete grande. Os que ainda não se sentam, podem apoiar-se em almofadas.

› **Pegue o bebê no colo** e embale-o ao som de cantigas de ninar.

› **Fale calmamente com ele**, faça carícias que demonstrem suavidade e gerem prazer sensorial.

› **Ofereça-lhe objetos**, leve-o a lugares diferentes dentro da creche, deixe-o em outras posições para exploração livre de movimentos corporais, preensão etc.

› **Vivencie com as crianças formas básicas do movimento** com brincadeiras (andar, deslizar, empurrar, puxar, balançar, manusear, sustentar, tocar).

› **Explore materiais como** caixas de papelão com recortes e objetos de diferentes tamanhos e formas.

› **Ofereça um saco de tecido** contendo diferentes objetos e brinquedos de borracha (cuidado com o tamanho dos objetos escolhidos, pois a criança encontra-se na fase oral).

Ilustração: André Figueiredo Mueller

Os objetos devem ser bem maiores que a boca da criança

Atividades

› **Atividades recreativas** na areia, água, grama etc.

› **Atividades com bolas** de borracha, cordas, tecidos, saquinhos de areia etc.

- **Atividades com movimentos respiratórios**: visam estimular a criança a respirar corretamente, envolvendo a inspiração e a expiração e sua relação com as partes corporais e hábitos saudáveis.

- **Atividades sobre os hábitos higiênicos**: utilize filmes, cartazes e livros com imagens e, numa roda de conversa, fale com as crianças sobre os hábitos que todas as pessoas têm no seu cotidiano, incentivando-as para que falem sobre eles. Elabore uma comparação entre diferentes hábitos e explique a construção destes nas relações sociais.

- **Imitação de animais**: práticas lúdicas envolvendo o movimento dos animais visam à percepção dos diferentes grupos de animais existentes, seu contexto de sobrevivência e suas formas de locomoção. Auxilie as crianças com fotos, filmes, textos, figuras para que tenham subsídios para realizar a representação. Utilize materiais como papéis, cola, fita-crepe, giz de cera, tinta guache etc. Pode também ser proposto um tema para a dramatização: a selva, um acampamento na floresta etc.

- **Atividades com música**: a proposta de trabalho envolvendo a música pode começar com as canções infantis, para que a criança movimente o corpo de acordo com o ritmo oferecido. Enquanto as crianças dançam, ofereça a elas instrumentos para serem explorados, como chocalhos feitos de lata, de copos de iogurte ou de potes transparentes, latas, garrafas plásticas e baquetas de madeira e de plástico.

2.4 TODO DIA, TODA HORA, TUDO IGUAL OU DIFERENTE? A ROTINA NA EDUCAÇÃO INFANTIL

Leia atentamente o texto a seguir:

Relatos da prática

A mãe de Matias, de 1 ano e 3 meses, estava preocupada porque ele iria para a creche dali a poucos dias. Ela já havia escolhido a qual centro de educação infantil o seu filho iria após muita pesquisa pelo bairro onde morava. Conversou com a pedagoga da instituição, que lhe explicou como seria a rotina de Matias enquanto estivesse lá. A mãe, então, ficou ansiosa pensando como seu filho se adaptaria a tudo o que estava por vir e resolveu passar um dia com ele na creche. Assim, na segunda-feira, com tudo preparado, ela saiu cedo com o filho a caminho da creche. Chegou às sete horas, pois trabalhava fora e esse seria o horário em que teria de deixá-lo todos os dias. Logo foi recebida, na entrada, por uma atendente chamada *Eunice*, muito carinhosa. Eunice deu bom dia à mãe e ao Matias. Este, que já andava, olhou para a educadora e deu dois passos à frente, parou e ficou observando tudo a sua volta. As duas o seguiram, mas o menino viu as paredes decoradas e, com seu andar ainda descoordenado, correu para tocar nas figuras com temas infantis que pareciam ser do seu tamanho. Parou novamente e explorou-as, tocando-as, acariciando-as; até chegou a rasgar um pedaço da figura de um ursinho de papel.

Em seguida, a professora se uniu aos colegas de Matias e, assim, todos subiram a rampa que dava acesso à sala. A mãe, que esperava ansiosa, surpreendeu-se ao ver seu filho tão pequeno, curioso, interagindo com o novo espaço que seria reconhecido e conquistado.

A rotina é uma etapa importante do planejamento e é por meio dela que o professor coloca em prática tudo o que foi previsto para ser desenvolvido diariamente. Essa reflexão, apresentada por Abramovicz e Wajskop (1999), destaca que a rotina, apesar de organizar as ações que acontecem no tempo e no espaço da educação infantil, pode ser flexível, já que requer do professor atenção aos interesses e necessidades da turma.

Nesse sentido, o professor e os demais profissionais das instituições de educação infantil, ao organizarem a rotina, **têm por objetivo orientar a ação da criança, proporcionando-lhe segurança enquanto ela interage com espaços, atividades, objetos e outras crianças na creche.**

Junqueira Filho (2005), em seus estudos sobre as linguagens geradoras, explica que o planejamento das situações pedagógicas, especificamente o que concerne à seleção e à articulação de conteúdos e linguagens que fazem parte da rotina de seu grupo de educandos, envolve três elementos: o professor, as crianças e a proposta pedagógica. O **professor**, inicialmente, faz a escolha dos conteúdos e das linguagens e possibilita a ação das **crianças**; estas respondem às suas **propostas**, acatando ou não os desafios feitos por meio das atividades. Assim, as situações pedagógicas possibilitam que a criança desenvolva singularidade em suas interações, o que permite ao educador perceber algumas características das crianças e a proposta pedagógica em ação.

Assim como a mãe de Matias estava ansiosa com os primeiros dias do filho na creche, também a maioria dos pequenos sentem-se ansiosos e inseguros por estarem fora de seu ambiente familiar, longe de seus brinquedos e objetos pessoais, e a rotina ajuda a amenizar essa insegurança. **Porém, apesar de organizada, a rotina não precisa ser necessariamente rígida.** Caso contrário, o trabalho será repetitivo e desinteressante à criança. A rotina também cumpre o papel de desenvolver limites na infância, pois é por meio dela que os pequenos percebem o ambiente e as sucessões de acontecimentos que envolvem o seu cotidiano. Eles sabem, por exemplo, que à tarde, após o jantar, farão higiene e a troca de roupa e que, quando o professor terminar a contação de história, logo chegará alguém da família para levá-los para casa.

A contação de histórias, apesar de ser a atividade escolhida para o fechamento do dia, pode se repetir em outros momentos, desde que com recursos e locais diferentes. Um dia podem ser utilizados fantoches como recurso, em outros, objetos que saem misteriosamente de uma caixa. Imagine a surpresa das crianças se o professor, por exemplo, vestir uma fantasia para contar a história ou a própria criança usar máscaras e fizer parte do cenário? O importante é que os recursos e as linguagens utilizados sejam também refletidos no grupo de crianças.

Assim, "a rotina ajuda a criança a prever ações e a situar-se em relação aos acontecimentos e aos horários da creche. Enfim, ela permite o aparecimento do novo, do inusitado" (Abramowicz; Wajskop, 1999, p. 26).

Nos planejamentos pedagógicos em centros de educação infantil e no contato com profissionais da área, conhecemos muitas opções de rotinas. O interessante é que elas, apesar de se parecerem em um primeiro contato, são diferentes, pois atendem a realidades específicas de cada comunidade, bairro, grupos de famílias e, principalmente, a diferentes propostas pedagógicas.

Sobre esse aspecto, Junqueira Filho (2005, p. 42) destaca que "a vida cotidiana, dentro e fora da escola, se produz e é produzida por múltiplas e diferentes linguagens, tantas quais são as necessidades e desejos produzidos que produzem a vida do homem". Nesse sentido, o educador, percebendo esses aspectos expressados pelas crianças em rodas de conversa, nos desenhos e nas pinturas, nos jogos e nas brincadeiras que envolvem o movimento, administra a multiplicidade e a diversidade de linguagens produzidas pelos pequenos. As linguagens expressam, portanto, as interações deles com o meio social em que vivem.

Bassedas, Huguet e Solé (1999) lembram ainda que o tempo é um elemento a ser pensado na educação infantil e que, como quase nenhum outro aspecto, é muito subjetivo. Assim, requer o entendimento de que **os momentos de aprender, de viver e de crescer não estão separados na vida da criança**. Nessa visão, as autoras afirmam que "a criança cresce e aprende graças à ação educativa das pessoas que a envolvem [...] e às experiências que tem no seu contexto" (p. 100).

A rotina, nesse sentido, é importante porque auxilia as crianças a aprenderem a antecipar o que vai acontecer na escola, e isso lhes traz mais tranquilidade e segurança.

Atenção !!!

Lembre-se de que a rotina deve atender às necessidades de cada instituição, tanto no que se refere à sua proposta pedagógica quanto em relação ao seu grupo de crianças!

Bassedas, Huguet e Solé (1999) abordam a rotina utilizando o termo *jornada escolar* (p. 102) e a definem como um momento que deve considerar o atendimento às necessidades fisiológicas dos pequenos, principalmente na creche. As autoras destacam que alguns momentos são essenciais nessa etapa, como os de jogos, de descanso, de atividades coletivas (mais curtas), de atividades que envolvem contos e fantoches, entre outras. Os jogos motores também devem fazer parte da rotina, pois garantem a interação da criança com o meio através do movimento. É por isso que as atividades em pátios, áreas com grama e areia são bem-vindas.

A rotina do berçário e do maternal é um momento especial para o educador estimular a criança em suas áreas motora, cognitiva e social. A estimulação, nesse sentido, pode ocorrer respeitando-se a individualidade de cada criança, de forma a possibilitar um desenvolvimento integral.

Apresentaremos, a seguir, algumas sugestões de rotinas desenvolvidas e experimentadas em diferentes planejamentos para a educação infantil.

A acolhida dos pequenos é fundamental para que se sintam bem e confiem no espaço escolar. Bassedas, Huguet e Solé (1999) destacam que esse momento tem grande influência na adaptação da criança à escola. O educador pode ter atitudes seguras, mas sempre observando a maneira como a família e a própria criança veem esse momento. As atividades pensadas para o momento da acolhida, como jogos de encaixe, jogos de montar, música e contos, devem ser oferecidas às crianças de maneira que elas possam escolher livremente. Essa atitude facilita a interação das crianças com o ambiente.

Sugestão de rotina para a creche

Rotina
Entrada dos profissionais.

Tempo previsto
20 minutos.

Ingimage

Atividade
Organização das salas pelos professores e funcionários.

Observações
O espaço para o berçário deve ser funcional, visando atender às necessidades das crianças.

Rotina
Entrada das crianças.

Banana Stock

Tempo previsto
30 minutos.

Atividade
Condução das crianças até a sala pelos responsáveis.
Verificação de agenda.

Observações
A família gosta de acompanhar a criança até a sala de aula. Isso pode acontecer no período de adaptação da criança e não precisa se estender durante o ano. A agenda pode ser utilizada como uma forma de facilitar o contato com a família para tratar de situações de saúde e viabilizar a troca de informações no dia a dia.

Banana Stock

Rotina
Acolhida e interação das crianças com o meio.

Tempo previsto
20 a 30 minutos, a depender do número de crianças atendidas.

Atividade
Troca de fraldas (se necessário). Verificação de agenda.
O espaço pode ser organizado com tapete e brinquedos de borracha, jogos de encaixe e música infantil para deixar os bebês à vontade.

Observações
Para os bebês que ainda não se sentam ou engatinham, pode-se usar almofadas para apoio.

Ingimage

Rotina
Alimentação.

Tempo previsto
30 minutos.

Atividade
Mamadeiras.

Observações
Algumas crianças começam a usar copos bem mais cedo. É necessário verificar esse aspecto com os pais.

Ingimage

Tempo previsto
45 minutos.

Atividade
Visita ao solário. É importante estimular os movimentos das crianças (arrastar, engatinhar, andar com apoio), de acordo com a idade do bebê.

Rotina
Atividades ao ar livre.

Observações
As atividades ao sol são importantes para a saúde (física e emocional).

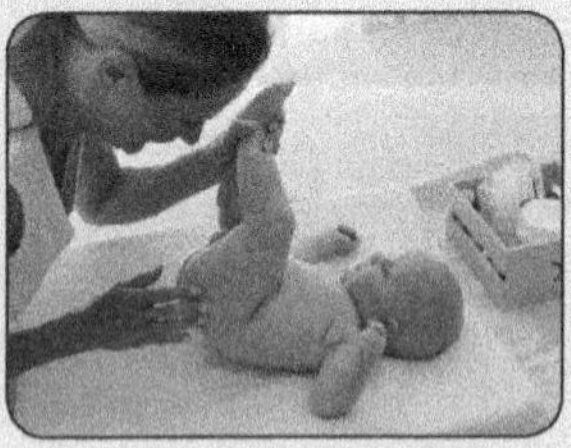
Banana Stock

Rotina
Higiene.

Tempo previsto
30 minutos.

Atividade
Troca de fraldas, banho.

Observações
O momento de higiene é excelente para estimular a oralidade, o que pode ser feito conversando-se com o bebê, nomeando-se as partes do corpo, imitando-se os sons que o pequeno produz etc.

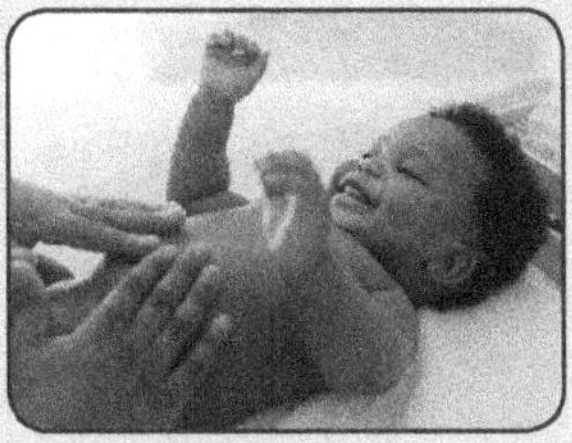

Banana Stock

Rotina

Atividade pedagógica.

Tempo previsto

30 a 40 minutos.

Atividade

Massagem para bebês (*shantala*).

Observações

O afeto é essencial para o desenvolvimento do ser humano. O toque e o olhar são linguagens que possibilitam trocas afetivas entre adultos e crianças.

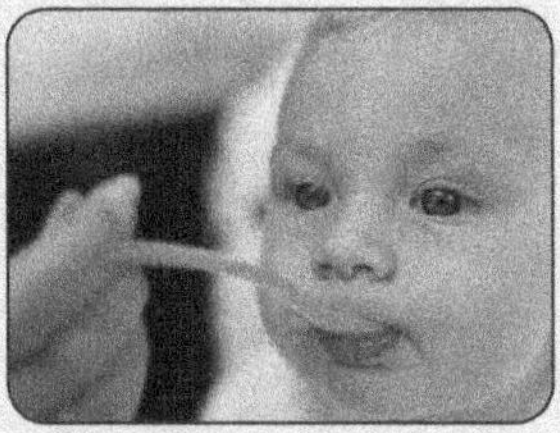

Ingimage

Rotina

Alimentação.

Tempo previsto

20 minutos.

Atividade

Suco ou papinha de frutas.

Observações

É importante estimular a percepção de diferentes sabores (ácido, doce, salgado etc).

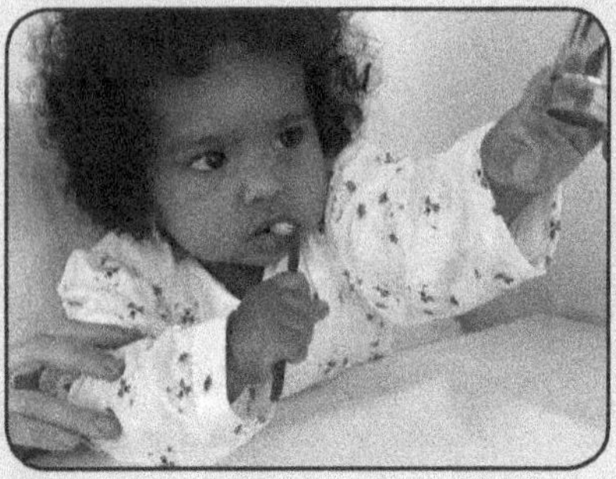

Banana Stock

Rotina
Higiene.

Tempo previsto
10 minutos.

Atividade
Realização da higiene da gengiva e dos dentes.

Observações
Os bebês também necessitam higienizar os dentes (ou as gengivas). Utilize gaze embebida em água fervida ou escova própria.

Ingimage

Rotina
Atividade pedagógica.

Tempo previsto
15 minutos.

Atividade
Contação de histórias com livros de imagens.

Observações
Bebês adoram histórias, desde que sejam contadas devagar e com muita entonação.

Rotina
Alimentação.

Tempo previsto
40 a 50 minutos.

Banana Stock

Atividade
Almoço.

Observações
É fundamental que sejam oferecidos alimentos com aromas, odores e cores variados, estimulando-se os sentidos das crianças.

Rotina
Higiene.

Tempo previsto
15 minutos.

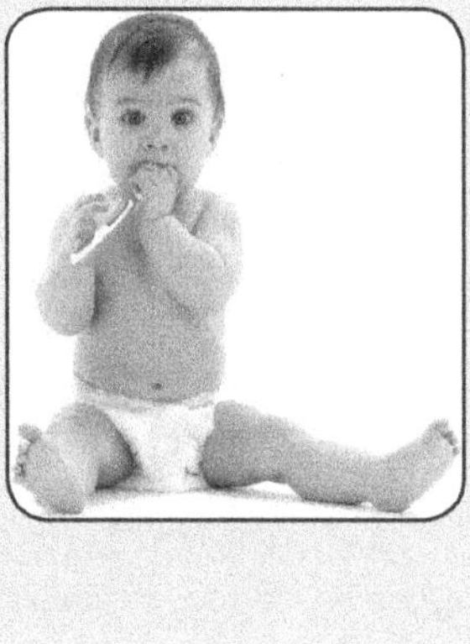

Ingimage

Atividade
Escovação dos dentes.

Observações
O objetivo é estimular a autonomia no que se refere à adoção de hábitos higiênicos.

Rotina
Descanso e relaxamento.

Tempo previsto
30 minutos.

Banana Stock

Atividade
Hora do soninho.
Os bebês geralmente dormem nos berços. As crianças maiores preferem colchonetes no chão, ficando próximas uma das outras.

Observações
O sono auxilia no desenvolvimento do bebê. É importante aprender a relaxar e descansar.

Rotina
Atividade pedagógica.

Tempo previsto
25 minutos.

Banana Stock

Atividade
Estimulação motora. É indicado montar um pequeno circuito na sala para que os bebês possam engatinhar, entrar e sair de caixas de papelão, ficar em pé com o apoio de pequenas cadeiras, rolar bolas de tecido, dançar ao som de músicas infantis, empurrar brinquedos etc.

Observações
Os pequenos necessitam ser estimulados a engatinhar, andar, pegar, subir e descer, arrastar, empurrar etc. O professor pode estimular todos, individualmente.

Rotina

Higiene.

Photos to GO

Tempo previsto

20 minutos.

Atividade

Higienização das mãos.

Observações

É necessário facilitar o acesso aos produtos higiênicos. Explicar o que é coletivo e individual.

Rotina

Alimentação.

Banana Stock

Tempo previsto

30 minutos.

Atividade

Lanche: mamadeira, biscoitos, frutas amassadas.

Observações

Ao se oferecer biscoitos para os bebês, pode-se aproveitar para estimular os movimentos de pinça superior e inferior.

Rotina
Higiene.

Tempo previsto
15 minutos.

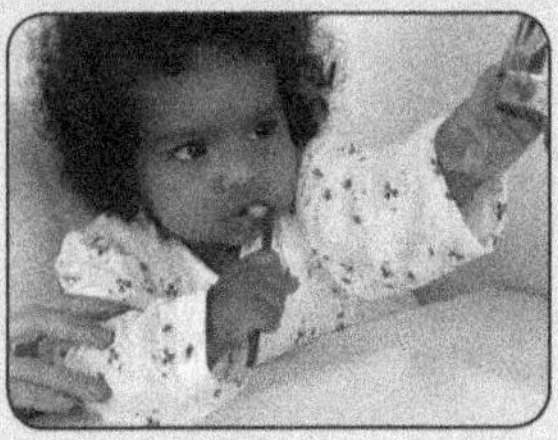
Banana Stock

Atividade
Escovação dos dentes e limpeza da gengiva.

Observações
Precisa-se limpar, com algodão e água pura, a gengiva dos bebês que ainda não têm dentes.

Rotina
Atividade psicomotora.

Tempo previsto
40 a 50 minutos.

Banana Stock

Atividade
Tapete sensorial: em 1,5 m de EVA, aplicam-se diferentes texturas, como pedaços de tecidos macios e ásperos, algodão, tampinhas de garrafas PET cobertas com plástico autocolante etc.

Observações
O desenvolvimento psicomotor contribui para o desenvolvimento do esquema corporal, da coordenação motora, da lateralidade e do equilíbrio. Engatinhar sobre diferentes texturas ajuda a criança a desenvolver os sentidos.

Rotina
Higiene.

Tempo previsto
40 minutos.

Atividade
Higienização das mãos. Troca de roupas.

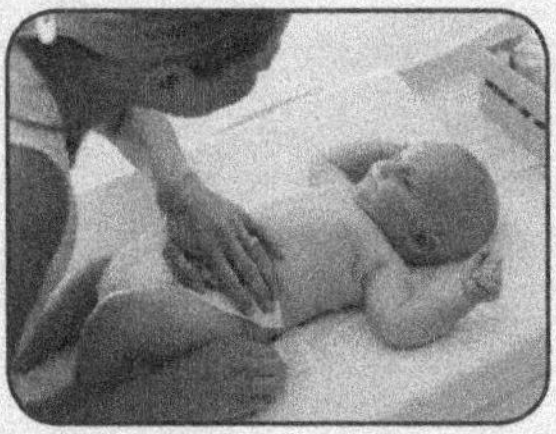
Banana Stock

Rotina
Alimentação.

Tempo previsto
40 minutos.

Atividade
Sopa com arroz, carne vermelha e três tipos de legumes.

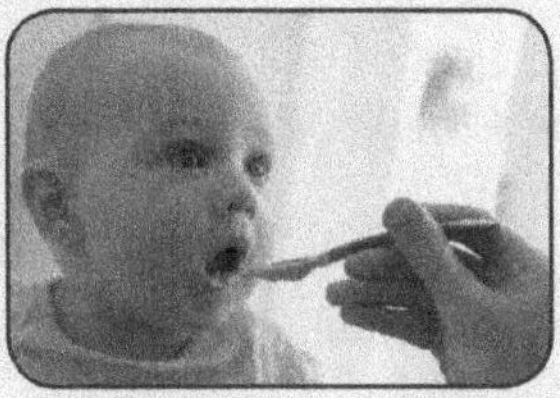
Ingimage

Observações
Pode-se colocar música infantil para tornar esse momento mais afetivo. Assim, as crianças aprendem desde cedo que a hora da alimentação é também de integração.

Rotina
Saída.

Tempo previsto
30 minutos.

Atividade
Fazer uma roda com as crianças, escutar músicas infantis, fazer barulho com instrumentos.

Banana Stock

Observações
Não se esquecer de anotar na agenda os acontecimentos importantes, como os avanços apresentados pela criança naquele dia. Pode-se também conversar com os pais sobre como foi o dia da criança.

O RCNEI aponta a **autonomia** como um dos objetivos principais das ações de cuidados e educação. Os bebês dependem de cuidados no início de sua vida, porém, à medida que crescem, precisam ser incentivados a participar das atividades de seu cotidiano, o que favorece a construção de sua independência.

O momento de higienização das mãos é fundamental para aquisição de hábitos de cuidados corporais que mantêm a saúde e previnem doenças. "É sempre bom lembrar que os adultos servem de modelo para as crianças que observam suas atitudes e, por isso, é aconselhável que eles também lavem as mãos, sempre que necessário" (Brasil, 1998b, p. 33).

Entre os muitos momentos significativos da rotina está o da **roda de conversa**, quando as crianças podem expressar suas ideias e interagir com os colegas, explorar e observar as linguagens utilizadas nas falas e nos gestos, entre outros aspectos. Bassedas, Huguet e Solé (1999) destacam que a criança vai percebendo o grupo, tomando consciência de si e dos outros, relacionando as próprias experiências às relatadas pelos colegas.

Mas passemos agora para um momento em que a expectativa de pais e professores é muito grande: a retirada das fraldas.

Pare e pense ???

Qual a idade certa para estimular as crianças a deixarem as fraldas? Existem maneiras adequadas ou prejudiciais para isso?

Os esfíncteres, musculatura que controla as funções fisiológicas de excreção, requerem certos níveis de amadurecimento. Quando nasce, o bebê é regido por movimentos reflexos, o que facilita a sobrevivência. Alguns são essenciais na vida dos pequenos, como a sucção e a preensão, pois por toda a vida o sujeito utilizará as mãos para pegar e manipular objetos, e a sucção prepara os movimentos intencionais da mastigação e da fala. Como estes, o controle dos esfíncteres também é uma aquisição que depende do desenvolvimento da criança.

Nem sempre observamos atitudes consideradas corretas nesse aspecto. Algumas vezes, presenciamos cenas em que as crianças são sentadas forçadamente no penico, todas ao mesmo tempo, uma ao lado da outra, como se conseguissem aprender a usá-lo apenas ao receber uma voz de comando. Devemos ter um cuidado especial com essa fase, que em geral começa entre 18 e 24 meses. O adulto tem um papel importante ao mediar a transição, pois de acordo com o RCNEI (Brasil, 1988b, p. 34), "A retirada das fraldas e o controle dos esfíncteres pela criança constitui um processo complexo que integra aspectos biológicos, afetivos, emocionais e sociais". Nesse sentido, os pequenos entendem que as fezes e a urina são suas produções e têm um significado especial; noções de higiene, como "limpo" e "sujo", são construídas e obedecem a acordos culturais, por isso a reação a odores acontece de forma diferente para cada criança.

O RCNEI propõe que o processo de retirada da fralda faça parte da organização da rotina e do ambiente da escola.

A criança dá sinais de que está molhada ou de que está com vontade de ir ao banheiro. Assim, é necessário observá-la e estimulá-la a usar o penico ou o vaso sanitário – que deve ter tamanho adequado –, perguntar se ela está com vontade de ir ao banheiro, acompanhá-la e ajudá-la com as roupas. A imitação também é um recurso útil, pois, ao ver outras crianças, ela percebe seu próprio comportamento. É preciso observar também os períodos após a ingestão de líquidos e alimentações diversas e levar as crianças periodicamente ao banheiro.

Bassedas, Huguet e Solé (1999) esclarecem que o controle do esfíncter, momento em que a criança começa a ser estimulada a usar o banheiro para fazer suas necessidades, é estabelecido na aprendizagem dos primeiros anos de vida. As autoras lembram que, para atingir tal controle, é necessária a maturação do sistema nervoso e muscular e do desenvolvimento motor, cognitivo e afetivo. Nesse sentido, a criança precisa interpretar os estímulos do cérebro e também compreender socialmente o que significa a vontade de ir ao banheiro. A autonomia desse ato requer paciência e sensibilidade por parte do adulto, educador ou familiar, pois a criança precisa ser respeitada nos seus aspectos biológicos. Porém, as autoras apontam que há outros elementos que auxiliam a criança nesse momento e que devem ser previstos pelos adultos, como a escolha das roupas. O estímulo à limpeza, a adequação dos vasos sanitários ao tamanho da criança e a distância da sala de aula, entre outros aspectos, também são relevantes nesse processo.

ROTINA: COMO PODE SER O DIA PARA A PRÉ-ESCOLA?

Atualmente, um dos aspectos mais significativos na discussão sobre o universo infantil é a **identificação da criança como um sujeito que aprende desde o nascimento.** Cada educando é único e, por isso, as atividades pedagógicas na educação infantil devem propiciar a formação de uma identidade própria nos aspectos que envolvem a maneira de ser da criança, sua realidade e o direito de ser cuidada e educada com atitudes adequadas às suas necessidades fundamentais no que diz respeito ao desenvolvimento e à aprendizagem.

Entre as situações que compõem a rotina na escola de educação infantil, como vimos, estão presentes as de descanso, de ordem e de entrada e saída. De acordo com a abordagem de Bassedas, Huguet e Solé (1999), o educador deve pensar esse espaço de descanso também para as crianças maiores, pois muitas necessitam desse momento. Assim, as autoras sugerem que haja na sala colchonetes ou almofadões para que as crianças possam descansar após o almoço ou em outros momentos em que sintam sono.

A rotina contempla vários momentos em que é preciso mudar a atividade, como o da alimentação, que antecede ao das brincadeiras no pátio, e isso requer que o educador se organize. Nesse sentido, Bassedas, Huguet e Solé destacam que a organização do espaço possibilita maior interação entre todos, pois fica fácil encontrar objetos, perceber as atitudes do professor e identificar as próprias atitudes quando as tarefas são modificadas. As autoras apontam que "é por isso que a ordem é um valor e, progressivamente, as crianças deverão incorporá-la e exercitá-la, participando dos critérios de ordenação e de distribuição dos espaços na sala" (p. 155).

Se pensarmos que a educação infantil se estende por pelo menos 4 anos na vida da criança, podemos perceber o quanto ela sofre com a separação daqueles com quem convive diariamente com amor e segurança. Bassedas, Huguet e Solé mencionam alguns aspectos que podem favorecer a entrada na escola, como garantir que as crianças saibam para onde vão quando chegam e sintam-se acolhidas, mesmo que de maneira breve, pelo professor, bem como proporcionar aos pais segurança ao deixarem seus filhos etc. Para isso, a escola deve conciliar as necessidades da família com as da própria organização e assegurar que as decisões tomadas pela escola sejam cumpridas e informadas à família, não se esquecendo, também, de respeitar o ritmo de adaptação de cada criança ao ambiente da escola.

Apresentaremos, a seguir, uma possibilidade de ação pedagógica que, fortalecida pela observação da realidade dos educandos, pode vir ao encontro de necessidades concretas das crianças em diferentes contextos educacionais brasileiros.

Sugestão de rotina para pré-escola

Rotina
Entrada dos profissionais.

Ingimage

Tempo previsto
20 minutos.

Atividade
Organização das salas por professores e funcionários.

Observações
É importante que o espaço e os recursos estejam organizados para as atividades previstas.

Rotina
Entrada das crianças.

Comstock

Tempo previsto
30 minutos.

Atividade
Recepção das crianças na entrada pelos responsáveis. Verificação de agenda.

Observações
A família não precisa acompanhar a criança até a sala de aula, com exceção de casos de adaptação ou doença. A agenda pode ser utilizada para facilitar o contato com a família em situações de saúde, em atividades que envolvam passeios escolares e troca de informações no dia a dia.

Rotina

Acolhida e interação das crianças.

Comstock

Tempo previsto

30 minutos.

Atividade

As crianças deixam seus materiais e suas lancheiras em local definido. Jogos de construção e brincadeiras (cantigas de roda e brinquedos cantados).

Observações

O incentivo de atitudes como a de guardar os materiais favorece a autonomia. A interação pelas brincadeiras é um excelente momento para a percepção de si e do outro.

Rotina

Higiene.

Ingimage

Tempo previsto

10 minutos.

Atividade

Higienização das mãos.

Observações

É fundamental organizar esse momento e possibilitar a interação e o desenvolvimento da autonomia.

Rotina
Alimentação.

Ingimage

Tempo previsto
30 minutos.

Atividade
Café da manhã.

Observações
Os responsáveis por essa atividade podem estimular as crianças a se alimentarem sozinhas, porém sempre conversando com todos, de modo a proporcionar prazer e transmitir informações.

Rotina
Higiene.

Ingimage

Tempo previsto
15 a 30 minutos.

Atividade
Uso do banheiro. Higienização dos dentes e das mãos.

Observações
O uso do banheiro para as necessidades fisiológicas deve ser sempre acompanhado de hábitos de higiene.

Rotina

Atividades ao ar livre.

Comstock

Tempo previsto

50 a 60 minutos.

Atividade

Atividades em caixa de areia, parquinho, bosque, miniquadra com jogos esportivos adaptados.

Observações

É interessante haver também, para os dias de chuva, um pátio coberto com casinhas de brinquedo, cabanas de tecidos e outros recursos.

Rotina

Higiene.

Ingimage

Tempo previsto

10 minutos.

Atividade

Higienização das mãos e do rosto.

Observações

É um momento importante para falar dos hábitos de higiene, principalmente após a realização de brincadeiras, a utilização de transportes coletivos etc.

Rotina
Atividade pedagógica.

Ingimage

Tempo previsto
45 minutos.

Atividade
Atividades orientadas em sala.
Experiência com terra, folhas secas, objetos plásticos pequenos e água em uma bacia.

Observações
Durante as atividades, os conteúdos podem ser sistematizados a partir de uma problematização: o que acontece se alguém jogar o lixo nos rios?

Rotina
Higiene.

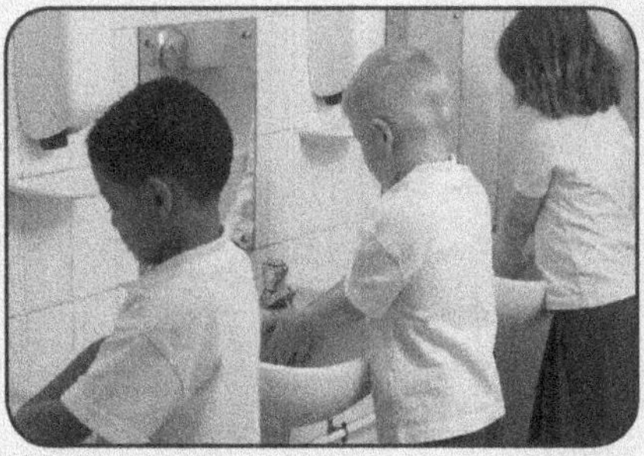
Ingimage

Tempo previsto
10 minutos.

Atividade
Higienização das mãos.

Observações
É interessante tocar músicas que falem sobre hábitos de higiene.

Rotina
Alimentação.

Ingimage

Tempo previsto
40 a 50 minutos.

Atividade
Almoço.

Observações
É importante oferecer às crianças alimentos com aromas, odores e cores diversos, pois isso estimula os sentidos.

Rotina
Higiene.

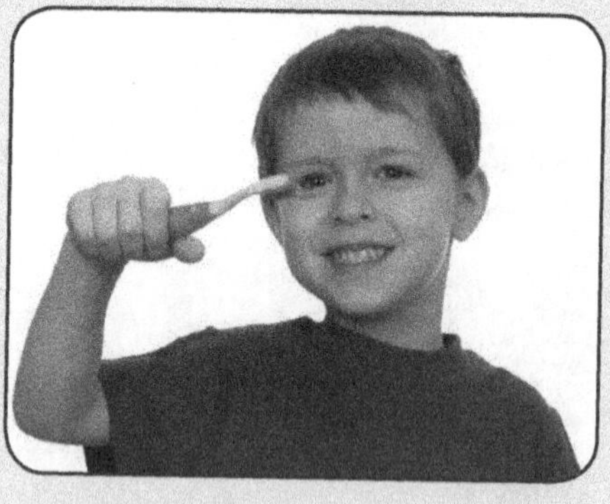
Ingimage

Tempo previsto
15 minutos.

Atividade
Escovação dos dentes.

Observações
É indicado aproveitar o espelho para trabalhar a imagem corporal.

Rotina

Relaxamento e privacidade.

Tempo previsto

30 minutos.

Ingimage

Atividade

Hora da privacidade e contato social.

Pode-se organizar uma sala com tapete, almofadas, livros de imagens e com figuras em relevo, fantoches, músicas, para que as crianças possam explorar esses materiais livremente.

Observações

Promover atividades isoladas e em grupo possibilita que a criança descanse e se relacione em pequenos grupos. Isso favorece a expressão de sentimentos e o desenvolvimento cognitivo, social e emocional.

Rotina

Atividades pedagógicas.

Tempo previsto

50 minutos.

Comstock

Atividade

Demarcação com as crianças de um caminho que ligue o interruptor de luz, as estantes com materiais e o bebedouro na sala. Pode-se fazer o mesmo para a saída, para o parque, uma árvore e o bebedouro mais próximo. Fazer comparações entre os espaços, refletindo direções (acima, abaixo, direita, esquerda) e distâncias (longe, perto).

Observações

As crianças gostam de participar do planejamento e da execução de atividades em espaços abertos e fechados, pois isso oferece a elas a sensação de domínio de diferentes habilidades. Além do desenvolvimento da autonomia, favorece a orientação espacial. É importante que a criança tenha referências, pois conceitos espaciais não envolvem apenas deslocamentos, mas a relação com o meio.

Quando bem-organizada pelo educador e elaborada com base na observação das necessidades das crianças, a rotina ajuda os educandos em seu desenvolvimento integral. Para isso, a rotina deve prever momentos em que a criança tenha experiências de interação social que promovam a sua relação com o meio, envolvendo suas atitudes em relação a si, aos objetos e ao outro. Nesse sentido, um dos aspectos discutidos atualmente na educação é o trabalho pedagógico envolvendo a construção de limites com as crianças.

Bassedas, Huguet e Solé (1999) propõem que as atividades coletivas sejam incorporadas na rotina de maneira que a criança aprenda a fazer parte de um grupo, identificando suas ações e as dos outros com o bem coletivo. Atividades como rodas de conversa, nas quais se percebe quem veio à escola e quem faltou, canções, dramatizações, exercícios psicomotores, jogos de linguagem, pintura coletiva, experimentos com o auxílio do professor são propostas indicadas pelas autoras para estimular a socialização.

Para pensar no processo de socialização da criança, sugerimos, inicialmente, que o futuro educador reflita sobre o que vem a ser **limite**. Nesse sentido, ressaltamos que o educador que procura perceber a realidade social da criança encontra experiências muito significativas desde os primeiros anos desse indivíduo. Crianças que não receberam atenção adequada por parte da família e dos educadores sofrerão consequências em seu desenvolvimento nas dimensões afetiva, cognitiva e social. Veja o relato a seguir.

Relatos da prática

João (7 anos) estava matriculado no 2º ano do ensino fundamental e estudava em uma escola municipal. Certo dia, a professora dele avisou que, na semana seguinte, todos visitariam um museu. O menino ficou curioso, assim como os seus colegas. A professora explicou o que é um museu, o que iriam encontrar lá e como seria a visita. Entre as explicações, surgiu uma regra importante a ser cumprida por todos: os objetos do museu não poderiam ser tocados. João e seus colegas escutaram tudo o que foi dito, muito atentos. No dia marcado, a professora acomodou todos em seus lugares no ônibus que os levaria até o museu. Quando estava perto de chegar ao local tão esperado, ela resolveu retomar algumas explicações importantes, entre elas, a regra de que não poderiam tocar nos objetos expostos lá dentro e que deveriam ouvir com atenção todas as explicações dadas pelo guia que os acompanharia.

Chegando ao museu, todos foram muito bem recebidos, o guia que os atendeu explicou como seria o trabalho e retomou a regra da professora. E assim começaram a visita. João, muito curioso, viu uma flecha muito antiga que pertencera a uma tribo indígena que vivia em sua região há mais de 100 anos. Empolgado, esqueceu-se logo da regra e colocou a mão no objeto, devagar, sentindo a textura, observando as cores e as formas. O monitor que os acompanhava chegou perto do menino e retomou a regra. João tirou a mão do objeto bem rápido, envergonhado. Mais à frente, os alunos encontraram partes de uma oca, que tinha mais de 50 anos. João, novamente esquecendo-se da regra, tentou tocá-la, mas dessa vez o monitor foi mais rápido que a mão dele e o avisou, o que soou no seu ouvido como uma sirene.

Essa situação já foi vivenciada por muitas crianças e seus professores. **E o que isso tem a ver com limite?** Uma vez que se estabeleçam regras para a convivência em grupo, alguns vão entendê-las e acatá-las logo, mas outros necessitarão de mais tempo. Mas, para aprendê-las, todos precisam de experiências nas quais possam interpretar e colocar em prática as regras estabelecidas. As regras são orientadas ora por uma pessoa – a professora, por exemplo –, ora por um grupo, como acontece nas brincadeiras infantis. Quando as crianças brincam, nem sempre as regras estipuladas atendem às necessidades do jogo, precisando, assim, muitas vezes, ser reelaboradas.

Para que João, o garoto da cena do museu, respeitasse as regras, foi necessária experiência da visita. O menino teve de lidar com sua motivação, curiosidade, o que, no momento, era contrário ao que ele poderia fazer. Para que as crianças aprendam a lidar com as regras, elas necessitam enfrentar diversos contextos. Assim como no museu, muitas crianças vão uma única vez e apenas com a turma da escola ao teatro, a um parque de brinquedos eletrônicos, a uma biblioteca e até a um cinema. Por isso, gostaríamos de trazer a seguinte reflexão:

Pare e pense

De que limites estamos falando na escola?

Quais são as experiências de nossas crianças?

Como elas têm acesso aos espaços culturais que as fazem avançar em seus conhecimentos?

Para responder a essas perguntas, é necessário que você possibilite à criança diferentes formas de vivenciar atividades em grupo, com brincadeiras ou o estabelecimento de uma simples regra de uso de um espaço comum, como o banheiro da escola.

Atenção!!!

Uma regra não deve ser imposta, mas pensada durante situações de conflito e, portanto, construída!

A construção de regras no trabalho pedagógico com as crianças de berçário pode acontecer na exploração de espaços e objetos, sabendo-se que nessa idade **a brincadeira é paralela,** ou seja, um bebê interage com outro, mas cada um tem os seus próprios objetos. Para o bebê, o espaço é o que o circunda; assim, ele necessita explorar primeiro aquilo que o rodeia. Entretanto, quando estabelecemos uma rotina, a criança percebe a sucessão de acontecimentos e interage para fazer parte desse contexto.

No maternal, o professor pode mostrar às crianças quais são os materiais e os espaços de **uso coletivo**, como caixas de lápis de cor, folhas, parques, e quais são os de **uso pessoal**, como a escova de dentes. Já com as crianças maiores e as do pré, o professor pode elaborar as regras de convivência em uma roda de conversa. Ele faz as anotações e constrói, com os alunos, um cartaz com as regras elaboradas. Essas regras podem ser discutidas com o grupo toda vez que não forem respeitadas e até reelaboradas, se todos julgarem conveniente. Assim, nem sempre é o "não" que orienta as ações pedagógicas na escola no processo de construção de limites. Por exemplo, pode-se escrever em um cartaz:

> Faça amigos, divida os brinquedos!
>
> Em vez de:
>
> Não pegue os brinquedos que seus amigos estiverem usando!

Educar requer um trabalho construtivo, positivo. A nossa sociedade faz parte de um mundo onde atitudes destrutivas e negativas têm se sobressaído. A mídia, infelizmente, tem um papel significativo nessa realidade, investindo tempo e recursos para enfatizar comportamentos competitivos, consumistas, violentos e, muitas vezes, precoces no que diz respeito à sexualidade infantil, por exemplo.

2.5 A CRIANÇA E A MÍDIA

As crianças também são muito envolvidas com os programas de televisão, como desenhos, programas infantis, anúncios publicitários etc. É comum ouvi-las repetir frases da mídia e das conversas da família. É o que podemos perceber ao observarmos uma criança que chama a atenção de uma boneca usando as frases pronunciadas por adultos em diálogos ouvidos em anúncios da TV. Para evitar os problemas que o excesso de exposição à TV pode proporcionar, é importante estimular a criança a ter contato com outras formas de expressão, como literatura, teatro etc. Essas formas culturais de expressão estimulam a fantasia, pois às vezes trazem argumentos ainda ausentes no repertório da criança.

Os programas infantis, que deveriam discutir temas como o meio ambiente e suas relações com as regras de convivência, a utilização de espaços públicos, a comercialização de roupas, a alimentação, o lazer e a atividade física, muitas vezes se esforçam para dinamizar temas individualistas. Assim, crianças, jovens e adultos ficam reféns de um individualismo cego, o que os tem levado a comportamentos contrários à concepção de um sujeito social e de direitos, como prevê a Constituição, o ECA e a própria LDBEN de 1996.

Pare e pense

O que o trabalho pedagógico na escola pode fazer para tornar a criança e a família sujeitos críticos e reflexivos diante do apelo da mídia?

Antes de qualquer reflexão, é importante que você pense sobre como o planejamento pode contemplar ações educativas para estimular a criança a refletir sobre os vários condicionantes sociais que surgirão no decorrer de sua vida. Assim, um aliado nessa proposta é o planejamento da ação educativa.

Para Bassedas, Huguet e Solé (1999), o momento do planejamento é fundamental, pois nele o professor toma uma série de decisões sobre o ato educativo. De acordo com as autoras, planejar é importante porque "permite tornar consciente a intencionalidade que preside a intervenção" (p. 113), focando os objetivos propostos e as condições mais adequadas, além de estabelecer critérios para organizar todo esse processo.

Nesse sentido, um dos suportes metodológicos da educação infantil é o planejamento por projeto pedagógico. Muitos autores e estudiosos da educação infantil ressaltam sua relevância para a construção do conhecimento por meio de ações coletivas e dinamizadoras.

O PROJETO PEDAGÓGICO COMO FORMA DE ENSINO NA EDUCAÇÃO INFANTIL

Maria Carmem Silveira Barbosa e Maria da Graça Souza Horn, autoras do livro *Pedagogia de projetos na educação infantil* (2008), afirmam que os projetos são uma forma de planejamento que permite trabalhar áreas de conhecimento como matemática, geografia e educação física, entre outras, e que eles se justificam porque "permitem criar, sob forma de autoria singular ou de grupo, um modo próprio para abordar ou construir uma questão e respondê-la" (p. 31).

Para as autoras, esses projetos tornam a ação pedagógica mais criativa, pois são desenvolvidos a partir de diferentes relações no processo de ensino e aprendizagem. Professores, alunos, família e comunidade podem envolver-se nesse processo, já que o tema surge de uma situação-problema do próprio cenário social a que as crianças pertencem. Tal fato permite que o professor se desconecte da visão fragmentada característica do trabalho por disciplinas, sem desconsiderar a relevância do conhecimento sistematizado. Para as autoras, a ação pedagógica envolvida nos projetos na educação infantil tem características próprias, de acordo com a realidade das modalidades **creche** e **pré-escola**.

No artigo *Por uma pedagogia de projetos na educação infantil*, Barbosa e Horn (1999, p. 31) defendem que: "Os projetos com bebê têm seus temas derivados basicamente da observação, da leitura, que a educadora realiza do grupo e de cada criança. Ela deve prestar atenção ao modo como as crianças agem e procurar dar significado às suas manifestações".

Nesse sentido, cabe aos professores identificar aspectos relevantes nas interações iniciais dos pequenos com os objetos e os brinquedos, observar como se expressam corporal e verbalmente, perceber como se relacionam com diferentes linguagens, como música e arte, para que possam organizar os recursos adequados ao interesse e às necessidades de seus alunos. Trabalhar com projetos permite que o educador não torne sua prática estanque, mas adaptável às interações diárias entre as crianças e os conteúdos abordados. Assim, o espaço precisa ter funcionalidade, ou seja, o ambiente deve ser rico, desafiador e flexível às transformações pelas quais o tema abordado possa passar.

Barbosa e Horn (1999) também destacam a curiosidade, a expressão de sentimentos e as motivações que fazem parte do cotidiano das crianças da pré-escola, aspectos que fazem dos projetos fios condutores no desejo dos pequenos em conhecer o mundo e aprender. Nas palavras das autoras:

> *No trabalho com essa faixa etária, o professor deve criar oportunidade para as crianças relatarem experiências significativas. Partindo disso, o educador poderá ter a realidade do grupo e propor temas desafiadores. Assim, o ponto de partida é sempre o diálogo, na busca de detectar o que elas já sabem sobre o tema a ser estudado.* (p. 31)

Contudo, o tratamento dado às informações trazidas pelas crianças e pelo professor é um momento cooperativo, que pode indicar passos seguros para o desenvolvimento da autonomia infantil. **Ao professor, cabe a mediação do processo, por meio da seleção das informações relevantes, da organização do espaço e dos recursos adequados, da elaboração de atividades que contemplem e ampliem os conhecimentos construídos pelas crianças e da sistematização dos instrumentos de avaliação.** Estes últimos, trabalhados numa perspectiva diagnóstica de avaliação, possibilitam a inovação na trajetória, pois identificam novos temas, que originam novos projetos.

Saiba mais

A expressão *perspectiva diagnóstica* se refere à possibilidade de o professor perceber os avanços no processo de desenvolvimento e aprendizagem dos seus alunos, bem como rever objetivos, metodologia e avaliação desenvolvidos até o presente momento, caracterizando a concepção dialética de construção do conhecimento.

A seguir, apresentaremos uma possibilidade de projeto pedagógico na educação infantil elaborada com base na abordagem de Barbosa e Horn (1999; 2008). Optamos por trazer um exemplo de projeto conforme a sugestão dessas autoras antes de explorar a teoria que a fundamenta, para que você possa estabeleçer mais relação com a prática. Em seguida, apontaremos alguns aspectos que norteiam o projeto pedagógico.

A problematização que dá origem ao tema do projeto emergiu do aspecto comentado anteriormente sobre como a mídia nem sempre favorece a reflexão que vai ao encontro da concepção de homem como sujeito de direitos; no caso da educação infantil, a criança cidadã.

PROJETO: OS PROGRAMAS DE TELEVISÃO NA ROTINA DAS CRIANÇAS DO PRÉ-ESCOLAR E DE SUAS FAMÍLIAS

› **A definição do tema:**

A propaganda é uma perigosa forma de comunicação, pois ela tem como objetivo convencer as crianças, os adolescentes e os adultos sobre o que usar, como pensar e agir em face da divulgação de diversos produtos industrializados, programas de televisão etc. A televisão apresenta programas que tentam atingir todas as pessoas, considerando-se gênero, classe social e perfil econômico. Também nesse contexto estão as novelas e os filmes, que tentam despertar emoções.

Como estimular as crianças de 5 anos a observarem os programas e serem críticos nas suas escolhas desde pequenas?

Com base nesse questionamento, o professor pode organizar uma **roda de conversa,** fazer um debate sobre os programas de TV a que a turma assiste e desenvolver um projeto que trará momentos de reflexão e criticidade aos alunos.

Para iniciar o diálogo, podem ser utilizados recursos como trechos de programas infantis gravados em DVD. Assim, as crianças são incentivadas a contar como escolhem os programas de TV a que assistem e que emoções esses programas despertam nelas. Nesse momento, pode-se mostrar figuras de pessoas que expressem sentimentos como medo, surpresa, raiva e alegria, entre outros, e perguntar o que os pequenos percebem, ajudando-os a refletir sobre que tipo de sentimentos pode ser despertado nos telespectadores.

Durante a fala das crianças, é importante que o professor registre aspectos relacionados à ideia que possuem sobre os programas e, assim que todas tenham falado, perguntar aos pequenos sobre o que sabem a respeito da existência de programas adequados e inadequados para certas faixas etárias, em quais horários suas famílias os deixam ver televisão e a quais programas assistem, a quais não podem assistir e se sabem o porquê dessa restrição. Mais um momento de debate deve acontecer, e o professor pode fechar esse momento com perguntas como: Será que as emissoras de TV se preocupam com os temas abordados para a escolha de sua programação? Que objetivos as emissoras têm ao passar determinados programas?

› **A pesquisa e a análise das informações**

O professor define com as crianças do pré-escolar o público envolvido, que podem ser educadores, pais, alunos, funcionários da escola e quantas pessoas mais serão entrevistadas no total. Com base nas anotações feitas no diálogo inicial, o professor e as crianças partem para a elaboração do questionário, cujas questões devem ser de múltipla escolha, para facilitar as respostas (pode-se organizar alternativas como "sim", "não", "às vezes" etc., pois isso ajuda também as crianças). O professor deve preparar algumas cópias do questionário, não se esquecendo do espaço para dados do entrevistado, como nome, sexo, idade etc., e dividi-las entre as crianças. O professor pode acompanhar a turma no momento de aplicação do questionário com alguma pessoa da própria escola, para que os pequenos vejam como o trabalho é feito.

Após a aplicação do questionário, as respostas devem ser organizadas, agrupadas por semelhança ou categorias estabelecidas com base nas falas das crianças. O professor precisa mediar a organização dessas categorias e a interpretação das respostas, já que as crianças são pequenas. A análise do resultado da pesquisa pode ser registrada em um pequeno texto ou em frases listadas em folhas no *flipchart*, comentando-se os resultados observados. É possível ilustrar esse texto para ajudar a compreensão das crianças.

A roda de conversa pode encaminhar o diálogo sobre os programas mais assistidos, sobre como as pessoas justificaram suas escolhas, como as crianças entenderam os cuidados que as famílias têm em selecionar aquilo a que seus filhos assistem, como a mídia apresenta produtos e serviços para as pessoas e se todos têm acesso a esses produtos etc.

› Avaliando o projeto

O professor resgata a situação-problema que levou à escolha do tema e a relação com a análise da pesquisa, focando questões como: **O que foi possível aprender sobre a qualidade dos programas de TV e como eles podem interferir em nossa vida?** Os resultados podem ser publicados nos murais da escola e apresentados na reunião de pais.

Os conteúdos discutidos nos projetos devem ser de domínio do professor, para que sejam contextualizados significativamente para as crianças. As atividades selecionadas para o tratamento do assunto também devem ser relevantes tanto para as crianças quanto para os professores e, portanto, férteis no que diz respeito à construção do conhecimento.

Para Barbosa e Horn (1999, p. 35),

> *os projetos abrem para a possibilidade de aprender os diferentes conhecimentos construídos na história da humanidade de modo relacional e não linear, propiciando às crianças aprender através de múltiplas linguagens, ao mesmo tempo em que lhes proporcionam a reconstrução do que já foi aprendido.*

O cotidiano das crianças nas escolas de educação infantil requer uma série de atividades diárias, ligadas às necessidades e aos interesses de cada grupo de crianças. O professor, nesse sentido, deve observar como as crianças brincam, como é o desenvolvimento dessas brincadeiras, quais são as expectativas delas ao se relacionarem com outras crianças, com os espaços e com os objetos, suas formas de expressão oral e corporal, o que tentam significar por meio dos desenhos, quais são os espaços de que mais gostam, que tipo de atividade preferem fazer nesses espaços e durante quanto tempo. Refletir sobre essas questões possibilita ao professor que elabore e reelabore atividades dinâmicas, estimulantes e desafiadoras, envolvendo a atenção das crianças. Além desses aspectos, o professor deve lembrar que a expressão das linguagens das crianças pequenas ocorre por meio de olhares, gestos e, às vezes, choro. Por isso, é importante que as atividades diárias possibilitem a participação ativa das crianças, fundamental na construção do conhecimento.

Como você deve ter percebido, o projeto apresentado, elaborado de acordo com a abordagem de Barbosa e Horn (2008), seguiu alguns passos para o desenvolvimento.

Atualmente, essas autoras apontam a pedagogia de projetos de forma diversa, atendendo, assim, ao "contexto sócio-histórico, e não apenas o ambiente imediato, o conhecimento das características dos grupos de alunos envolvidos, a atenção à diversidade e o enfoque em temáticas contemporâneas e pertinentes à vida das crianças" (p. 19). Centram a aprendizagem em uma experiência que envolve o coletivo, a cooperação, em que o trabalho em grupo possibilita uma gama de relações.

Quanto à aprendizagem, os projetos propiciam o estabelecimento de relações significativas, pois os temas envolvem a resolução de problemas, dificuldades e necessidades e são decididos com base em argumentação, debates, discussão coletiva, o que torna interessante a pesquisa para os alunos. O educador acumula as funções de pesquisador, intérprete e organizador. O modelo curricular se fundamenta em temas, problemas e ideias-chave. Os educandos, nesse sentido, são coparticipantes e planejadores, pois a estrutura didática envolve atividades de pesquisa, escolha e formulação de problemas, arrolamento de dados, construção de hipóteses, experimentação e comunicação. A avaliação objetiva centraliza relações, conceitos e procedimentos.

Percebemos, portanto, que os projetos possibilitam ao sujeito, ou seja, à criança da educação infantil, uma educação que o coloca em ação, como parte integrante do processo de construção do conhecimento. Por lidar com a pesquisa, essa metodologia envolve também outros sujeitos, sempre na perspectiva de uma educação cooperativa, como a família, a comunidade e demais pessoas ligadas à escola, além dos professores.

Assim, a organização de um projeto pedagógico para o ensino, de acordo com a abordagem de Barbosa e Horn (2008), passa pelos pontos apresentados a seguir:

1. **Definindo o tema**: as experiências tidas na escola, as conversas, os jogos e as brincadeiras, os questionamentos das crianças e também outros projetos que estejam em andamento podem dar luz ao tema do projeto.

2. **Mapeando percursos**: é importante que o professor esteja atento ao encaminhamento e, nos debates, liste propostas, ideias, com o objetivo de estabelecer relações entre o tema e as reflexões das crianças.

3. **Coletando informações**: é o momento em que as informações sobre o tema são pesquisadas. Para isso, o professor deve fazer uso de entrevistas, experiências e exploração de objetos e materiais ou pesquisas em diferentes fontes bibliográficas. Os passeios e as visitas também podem trazer informação para ampliar o referencial pesquisado.

Nesse momento, todos podem participar: a família, a comunidade e todos os envolvidos com a criança.

4. **Refletindo sobre as informações e sistematizando o conhecimento**: após a coleta de informação, a mediação do professor é fundamental para que não se perca o foco do tema. Nesse momento, podem ser elaboradas hipóteses e escolhidos materiais e evidências que promovam a construção do conhecimento sobre o assunto, além de ações planejadas, registradas e transformadas em experiências sob a forma de diferentes linguagens.

5. **Documentando e comunicando**: o projeto, ao final, deve resultar na ampliação do conhecimento sobre o tema proposto. Assim, os materiais produzidos são fundamentais na construção da memória pedagógica do trabalho. Além disso, eles podem ser utilizados em outros momentos pedagógicos além do projeto. É importante que os materiais sejam organizados pelo educador, por meio de diferentes meios, como desenho, texto, pintura, dramatização e música, entre outros.

Cabe ao educador elaborar projetos na educação infantil que tenham como base a cooperação, de forma a aproveitar os temas que interessam aos pequenos e que surgem nas vivências cotidianas, nas brincadeiras, na contação de histórias, na leitura de uma notícia de jornal e até em uma pergunta inocente feita na sala. O importante é possibilitar o trabalho com projetos que incentivem a autonomia das crianças, o que acontecerá sob o olhar experiente e informado do adulto.

SÍNTESE

› Um dos principais objetivos da educação é formar cidadãos críticos e autônomos.

› As atitudes do professor em relação às interações da criança possibilitam a construção do conhecimento de forma criativa.

› A rotina ajuda a criança a entender sua relação com a creche e a pré-escola, mas o desenvolvimento das atividades não precisa ser rígido, e sim respeitar e atender as necessidades e os interesses da criança.

› As diferentes linguagens devem ser contempladas no planejamento do trabalho pedagógico com as crianças de 0 a 5 anos.

› O professor deve integrar a família na educação das crianças, interagindo com os pais ou responsáveis pelos pequenos e mostrando-lhes como as crianças pensam e estabelecem relações com os conteúdos dentro e fora da escola.

› A rotina deve ser programada de acordo com a realidade das crianças e da instituição de educação infantil.

› Para cuidar e educar, o professor precisa estar sempre aprendendo.

› Os projetos pedagógicos envolvem a autonomia, a pesquisa, a inter-relação entre a família, a comunidade e a escola.

- Os temas dos projetos podem ser delineados com base nas experiências das crianças e podem permear o estudo dos conteúdos organizados no currículo escolar.
- Na fase da avaliação dos projetos, subentende-se que o professor selecionará as questões que podem ser aproveitadas para outros projetos, e os registros feitos durante o processo devem se servir de diferentes linguagens.

INDICAÇÕES CULTURAIS

SITES

REVISTA DO PROFESSOR. Disponível em: <http://www.revistadoprofessor.com.br>.

Trata-se de uma publicação didático-pedagógica destinada a professores de educação infantil e ensino fundamental. É um material de apoio e atualização do professor para sua atuação em sala de aula, que traz artigos, relatos de experiências, sugestões de atividades, esclarecimento de dúvidas, reportagens e coberturas de eventos educacionais e culturais.

REVISTA NOVA ESCOLA. Disponível em: <http://revistaescola.abril.com.br>.

Esse *site* traz importantes reportagens relacionadas à educação, bem como entrevistas com teóricos, professores e profissionais ligados à educação infantil. Traz também sugestões de atividades com as diferentes áreas a serem trabalhadas com as crianças.

Faça a leitura do segundo capítulo, levantando questões para reflexão. Anote individualmente suas reflexões sobre os pontos principais do texto.

Em seguida, responda às questões:

[1] Entre as muitas funções que a escola acumula, a de educar é fundamental. Por isso, a rotina deve contemplar momentos de trabalho orientado e outros livres, além dos cuidados com higiene e alimentação. Com base nessa ideia, é correto afirmar:

[A] O mais adequado é que o professor procure estabelecer relações entre os trabalhos propostos e as brincadeiras das crianças, articulando os materiais ofertados aos projetos desenvolvidos.

[B] O mais adequado é que o professor procure organizar espaços e materiais livres para a criança explorar, sem ter a necessidade de articular brincadeiras a projetos desenvolvidos.

[C] O mais adequado é que o professor organize espaços e materiais proporcionando as ações de cuidados com higiene e alimentação de forma prioritária e separada das ações de educar.

[D] O mais adequado é que o professor promova a articulação das ações de cuidados e educação com atividades sistematizadas em sala de aula, e não com ações que envolvam as brincadeiras.

[2] A articulação entre cuidar e educar vai além do conhecimento sobre higiene, alimentação, saúde e referenciais teóricos que envolvem as disciplinas escolares. Nessa perspectiva, fazem parte das ações pedagógicas do professor:

[I] ter conhecimento, também, sobre filosofia, sociologia e psicologia, para assim aproveitar os conhecimentos prévios das crianças.

[II] observar as atitudes da criança durante as atividades lúdicas para entender o significado de sua relação com o meio.

[III] observar as atitudes da criança durante as atividades lúdicas, mas, se não tiverem relação com as atividades propostas, interromper seu raciocínio e fazê-la voltar ao conteúdo trabalhado.

[IV] aproveitar os momentos de higiene para aprofundar questões ligadas ao conhecimento corporal e a hábitos saudáveis.

Em relação ao conteúdo exposto neste capítulo, estão corretas as afirmativas:

[A] I e IV.

[B] I e III.

[C] I, II e IV.

[D] I, II e III.

[3] A criança de até 1 ano ainda não se expressa por meio de palavras, mas emite sons como balbucios e onomatopeias, que podem servir para o estabelecimento do diálogo com o adulto. Nesse sentido, é correto afirmar:

[I] O professor observa as reações da criança nos aspectos sensoriais e orais.

[II] O trabalho deve ser contínuo e avaliado conforme o aprendizado da criança.

[III] A observação das interações da criança com o meio possibilita a organização de atividades e materiais.

[IV] A organização das atividades e materiais deve ocorrer de forma independente em relação ao desenvolvimento e à aprendizagem das crianças.

Em relação às afirmações anteriores, estão corretas as afirmativas:

[A] I e IV.

[B] I e III.

[C] I, II e III.

[D] I e II.

[4] O ato de cuidar pode ser pensado no sentido de ajudar a criança em seus desafios, desenvolvendo, assim, a sua autonomia. Nessa perspectiva, cuidar é:

› valorizar e ajudar a desenvolver capacidades;

› um ato em relação ao outro e a si próprio;

› uma dimensão expressiva que implica a adoção de procedimentos específicos.

Relacionando a afirmação aos conceitos apresentados sobre o cuidar, podemos afirmar:

[I] Embora os pequenos dependam das ações do professor, este pode propiciar ações concretas no sentido de levá-los à independência.

[II] O cuidado é uma ação essencial para a família; por isso, a escola deve preocupar-se apenas com a educação.

[III] Existe uma estreita relação entre as instituições *família* e *escola*; por isso, ambas precisam ter clareza de seus papéis e responsabilidades.

Em relação às afirmações anteriores, estão corretas as afirmativas:

[A] I e II.

[B] I e III.

[C] I , II e III.

[D] Apenas a I.

[5] Assinale (F) quando a afirmação for falsa e (V) quando for verdadeira, em relação ao texto a seguir:

Os esfíncteres, musculatura que controla as funções fisiológicas de excreção, fazem parte do desenvolvimento de funções específicas das crianças, o que requer também certos níveis de amadurecimento.

[ ] A criança sinaliza quando está molhada ou deseja ir ao banheiro. Assim, o professor pode observá-la e estimulá-la a usar o penico ou ir ao banheiro.

[ ] O professor pode perguntar à criança se ela está com vontade de ir ao banheiro, acompanhá-la e ajudá-la com as roupas.

[ ] A imitação é um recurso útil, pois, quando a criança vê as outras, percebe o seu comportamento.

[ ] O professor deve prever momentos na rotina para todas as crianças irem ao banheiro na mesma hora.

[ ] Não adianta o professor observar os períodos após a ingestão de líquidos e levar as crianças periodicamente ao banheiro.

A alternativa que apresenta a sequência correta é:

[A] V, F, V, F, F.

[B] V, V, V, F, V.

[C] F, V, V, F, F.

[D] V, V, V, F, F.

ATIVIDADES DE APRENDIZAGEM

QUESTÕES PARA REFLEXÃO

[1] Releia o trecho do segundo capítulo em que refletimos sobre a regra como parte de um processo a ser construído durante as situações cotidianas:

> A construção de regras no trabalho pedagógico com as crianças de berçário pode acontecer na exploração de espaços e objetos, sabendo-se que nessa idade **a brincadeira é paralela**, ou seja, um bebê interage com outro, porém cada um tem os seus próprios objetos.

Agora, responda:

[A] O espaço para o bebê é o que o circunda; assim, ele necessita explorar primeiro aquilo que o rodeia. Nesse sentido, como o professor pode organizar um espaço com brinquedos e objetos com diferentes texturas?

[B] No maternal, o professor pode organizar um espaço com materiais coletivos, como caixas de lápis de cor, tintas e papel. Como ele pode mediar a utilização desses materiais?

[2] As crianças também são muito envolvidas com os programas de televisão, como desenhos, programas infantis, anúncios publicitários etc. É comum ouvi-las repetir frases que ouvem na mídia e nas conversas da família. É o que percebemos ao observarmos uma criança que chama a atenção de uma boneca usando as frases empregadas por adultos em diálogos ouvidos na TV ou em sua casa. Para evitar os problemas decorrentes do excesso de exposição à TV, é importante estimular a criança a ter contato com outras formas de expressão, como literatura, teatro etc. Isso estimula a fantasia, pois traz argumentos às vezes ausentes no repertório cultural da criança.

Assim, reflita sobre:

[A] a postura pessoal do professor em relação a situações que expressam o poder da mídia em influenciar a criança na imitação de atitudes adultas.

[B] a possibilidade de o professor aproveitar os conteúdos emocionais expressos pela criança em sua interpretação de cenas de novelas, filmes e programas infantis sobre o consumismo ou a sexualidade.

Atividade 1

Procedimentos:

[1] Forme uma equipe com mais quatro colegas. Juntos, escolham uma sala de berçário, maternal ou pré-escolar para a elaboração de uma rotina.

Nessa etapa, observem os seguintes passos:

[A] Em conjunto, elaborar uma rotina, descrevendo atividades que podem ser desenvolvidas com as crianças no decorrer do dia e que tenham por objetivo a construção da autonomia. Vocês podem se basear nas rotinas apresentadas neste capítulo. A organização da rotina deve ser registrada por escrito em uma cartolina ou papel pardo, para montar um grande painel visível para todos.

[B] Estabelecer os objetivos a serem alcançados.

[C] Descrever a rotina, citando o espaço, o ambiente, os recursos e as possibilidades de interação entre as crianças.

[D] Escrever as ideias e as dúvidas que cada integrante do grupo tiver sobre o tema e elaborar um texto com base nelas.

[E] Definir, em conjunto, pontos que cada um vai pesquisar (dividir as tarefas para cada membro da equipe).

[F] Estabelecer um horário para se reunirem e apresentarem os resultados da pesquisa individual e da tarefa de cada um, quando também deve ser realizada a integração das tarefas.

[2] Elaboração da apresentação:

A equipe deve elaborar a apresentação em conjunto, integrando os materiais, o texto produzido e o painel.

[3] Apresentação:

Nessa fase final, é necessário:

[A] apresentar às demais equipes o painel e o trabalho;

[B] solicitar aos colegas que façam uma avaliação oral e por escrito do trabalho, indicando seus limites e pontos positivos;

[C] organizar e integrar os textos.

Atividade 2

Procedimentos:

[1] Em grupo de três pessoas, pesquisem artigos na internet que falem sobre a articulação entre cuidar e educar.

Nessa etapa, observem os seguintes passos:

[A] Definir, em conjunto, quais os pontos que cada um vai pesquisar (dividir as tarefas para cada membro da equipe).

[B] Estabelecer um horário para se reunirem e apresentarem os resultados da pesquisa individual e da tarefa de cada um, quando também deve ser realizada a integração das tarefas.

[C] Ler atentamente o material pesquisado e discutir os pontos em que concordam e discordam sobre o assunto.

[D] Elaborar um texto sobre o tema com base nas reflexões individuais do grupo.

[E] Escolher, em grupo, 12 palavras significativas no contexto *educar e cuidar*, com base nos pontos discutidos pela equipe, como: *cuidar*, *educar*, *autonomia*, *conhecimento*, *construção*, *planejamento*, *educação*, *infância*, *direito*, *cidadania*, *educador*, *higiene*.

Elaboração da apresentação:

[2] A equipe deve elaborar uma apresentação integrando os materiais e os textos produzidos, as palavras selecionadas e escolhendo os meios (texto impresso ou retroprojetor) e o material a ser utilizado na apresentação.

Para essa etapa, o grupo deve realizar as seguintes tarefas:

[A] Em conjunto, escolher uma música e escrever uma paródia que contenha as palavras selecionadas anteriormente. As palavras selecionadas e a paródia da música devem ser registradas por escrito.

[B] Definir o tema e o título da música.

[C] Estabelecer o objetivo que norteará a interpretação do tema.

[D] Escrever as ideias e as dúvidas que cada integrante do grupo tiver sobre o tema.

[3] Apresentação:

Nessa fase final, é necessário:

[A] apresentar às demais equipes o trabalho e a paródia;

[B] solicitar aos colegas que façam uma avaliação oral e por escrito do trabalho, indicando seus limites e pontos positivos;

[C] organizar e integrar os textos (escrito, sonoro e visual).

três...

O brincar na educação infantil

A leitura deste capítulo o(a) levará a pensar sobre a **importância do brincar na infância**, sobre como as brincadeiras podem ser utilizadas como um recurso para a aprendizagem e para o desenvolvimento das crianças. Essa parte da obra tem como ponto relevante o lúdico como forma de expressão, como forma de pensar e agir da criança, como aspecto dinamizador da prática pedagógica, pois traz elementos do cotidiano infantil e que podem ser trabalhados de forma prazerosa. O capítulo focaliza também a observação da criança em situações de jogos e brincadeiras e sugere que o brincar espontâneo é um momento em que se pode conhecer a criança em seu perfil afetivo, social e econômico, pois, brincando, ela expressa seus sentimentos, medos, curiosidades, interesses e necessidades. Assim, os conteúdos a serem abordados na prática pedagógica tornam-se significativos, pois contam com diferentes linguagens, como a música, o desenho e a dança, entre outras.

O capítulo traz ainda várias sugestões de atividades como forma de representar a ação pedagógica do lúdico na educação infantil.

Historicamente, as concepções de infância e educação infantil vêm sendo solidificadas por meio de muitos desafios, obstáculos, reflexões e diálogos entre autores, educadores, família e Estado. Inicialmente, tatava-se de uma prática voltada aos cuidados, que aos poucos foi ampliando-se para a relação entre cuidar e educar.

Acompanhando a prática de planejamentos para a educação infantil há mais de uma década, percebemos que muitas escolas que atendem às crianças nesse primeiro nível da educação básica ainda estão amarradas a conceitos que dificilmente correspondem ao proposto pela Constituição Brasileira de 1988, pelo ECA de 1990 e pela LDBEN de 1996. Essas instituições atendem, especificamente, às funções de cuidado de crianças cujos pais trabalham em tempo integral ou ao ensino da leitura e da escrita, à aprendizagem específica dos números, muitas vezes precocemente ou desconsiderando a necessidade lúdica infantil. Nesse sentido, a metodologia utilizada por esse tipo de escola limita o seu trabalho a alimentar e cuidar da higiene e da segurança, transformando-se em cenários vazios. Outras escolas de educação infantil se esforçam para desenvolver atividades definidas como "trabalhinhos". Elas têm por objetivo levar a criança a produzir folhas e mais folhas de atividades copiadas, negando a criatividade, o desenvolvimento da noção de espaço e tempo, as linguagens e as diferentes possibilidades de interação que ampliam repertórios culturais próprios da infância.

É comum observarmos, na cidade, *outdoors* que fazem propaganda dessas escolas, com legendas e frases retiradas de livros ou ditas por grandes educadores mas que, na prática, não se relacionam com a abordagem pedagógica anunciada. Os pais orgulham-se dessa grande produção feita por seus filhos, ao receberem, ao final de cada etapa, as pastas contendo seus trabalhos, ignorando como foram feitos e o desacordo entre o processo criativo dos pequenos e suas queixas e demonstrações de desinteresse pela aprendizagem e pela escola.

Nesse sentido, na educação infantil, apesar dos avanços obtidos na forma da lei, ainda vêm sendo desenvolvidas metodologias que buscam a prontidão das crianças para a aprendizagem das letras e dos números o mais cedo possível. Tal atitude proporciona formas equivocadas de estimulação das áreas de desenvolvimento e aprendizagem, condicionando as crianças a ações mecânicas, sem significado histórico ou social.

A criança é um ser integral em suas potencialidades e está inserida em um contexto social em constante transformação. Assim, o profissional que atua na educação infantil precisa identificar os condicionantes sociais, econômicos, culturais e afetivos existentes no meio em que as crianças vivem.

O conhecimento de áreas específicas relacionadas ao desenvolvimento e à aprendizagem aponta que uma criança que tenha recebido estimulação inadequada nos aspectos psicomotores encontra dificuldades na aprendizagem das diferentes áreas de conhecimento, o que será percebido pelos pais, professores e pedagogos desde os primeiros anos do ensino fundamental. Isso se justifica porque, quando uma criança não vivencia corporalmente determinados conteúdos, ela não lhes retribui significado, condição essencial para o processo de formação de conceitos.

> Nos primeiros anos do ensino fundamental, os conteúdos são sistematizados de forma mais fragmentada, já que são organizados por disciplinas, exigindo o domínio de conceitos que, muitas vezes, não foram construídos ou abstraídos pelas crianças na educação infantil.

Por exemplo, para que a criança compreenda os conteúdos da geografia, ela precisa ter explorado com seu corpo o espaço que a circunda. Isso ocorre quando ela começa a pegar objetos, perceber sons e sua origem espacial ou quando começa a engatinhar, tentando alcançar brinquedos, ao iniciar a transição da posição horizontal para a vertical, quando começa a andar e assim sucessivamente. Aos poucos, ela vai de um espaço a outro, passando por baixo de cadeiras ou bancos, subindo em escadas, mesas, apoiando-se em objetos e empurrando brinquedos. Percebe que alguns objetos estão perto de seu alcance e outros não.

> A ação lúdica, proposta pelo jogo, pelo brinquedo e pela brincadeira, é, por excelência, um dos recursos pedagógicos que possibilitam o desenvolvimento integral da criança na creche e na pré-escola. Além de estimular diferentes áreas de desenvolvimento, pode ser utilizada como recurso pedagógico para o desenvolvimento de habilidades ligadas à aprendizagem de diferentes áreas de conhecimento.

Sobre a ludicidade na educação, Rau (2007, p. 32) afirma que "o pressuposto é de que uma prática pedagógica proporcione alegria aos alunos durante o processo de aprendizagem. Ou seja, um processo dialético de levar o lúdico a sério, proporcionando o aprender pelo jogo, logo, aprender brincando".

O uso de jogos e brincadeiras como recurso pedagógico possibilita a significação de conceitos para as crianças, por ser um dos únicos recursos que trabalha com diferentes tipos de linguagem ao mesmo tempo. Áreas como a pedagogia e a psicopedagogia destacam a importância do desenvolvimento das linguagens infantis nos primeiros anos da vida escolar.

Pare e pense

Para você entender melhor a que nos referimos, faça a si mesmo as seguintes perguntas e reflita:

Como eu gosto de aprender? Quais recursos facilitam a aprendizagem de novos conteúdos? Eu entendo melhor quando ouço, quando pratico ou quando escrevo? Preciso me referir a símbolos que identifiquem palavras ou conceitos? Quanto tempo levo para aprender algo novo?

Ao tentar responder a essas questões, você identifica seu estilo de aprendizagem, seu ritmo e qual a melhor forma de interação entre você, o conteúdo, a metodologia e a linguagem utilizada por quem ensina. Essa identificação também está envolvida aos aspectos que se referem ao espaço, à fisiologia, à cultura que faz parte de sua história de vida.

Smith, citado por Moyles (2006, p. 27), destaca os benefícios do brincar para a criança, ao apontar que

> *o brincar sociodramático pode favorecer as habilidades de linguagem e de desempenho de papéis, enquanto o brincar construtivo pode incentivar o desenvolvimento cognitivo e a formação de conceitos. Esses aspectos do desenvolvimento cognitivo podem se sobrepor a critérios escolares de realização acadêmica, embora não sejam idênticos a eles.*

Nessa perspectiva, **o brincar é uma abordagem fundamental para o desenvolvimento e a aprendizagem dos pequenos.**

O ensino, nesse sentido, possui diferentes objetivos a serem desenvolvidos, e o aluno é um sujeito ativo no processo de construção do conhecimento. Assim, as atividades dirigidas e orientadas no espaço escolar buscam um resultado e possuem finalidades pedagógicas.

Ilustração: André Figueiredo Mueller

Brincar é importante para a aprendizagem

Brincar é, por excelência, um recurso que favorece o desenvolvimento e a aprendizagem infantil. Autores que pesquisam as brincadeiras na infância e na educação, em diferentes países, descrevem o brincar como parte integrante do universo infantil. Entre esses autores, temos nas pesquisas de Friedmann (1996), Kishimotto (1998) e Moyles (2002) um suporte teórico importante.

Esses estudos justificam a inclusão das brincadeiras nos currículos nacionais para a educação infantil, pois elas fazem parte de um eixo que favorece o desenvolvimento das linguagens simbólicas, da autonomia, da atenção, da concentração e da cooperação. Nessa perspectiva, Moyles (2002, p. 106) explica que "o brincar é um processo no caminho para a aprendizagem, mas um processo vital e influenciável e é na implementação do currículo que o brincar mantém a sua posição, pois é no desenvolvimento de muitos aspectos intangíveis que o brincar se sobressai".

Nessa perspectiva, o jogo utilizado em sala de aula é um meio para a realização dos objetivos educacionais. Assim, a atuação do professor interfere na valorização das características e potencialidades dos brinquedos e de suas estratégias de exploração. Ao utilizar o jogo como recurso pedagógico, ele pode oferecer informações sobre sua utilização, estimulando e desenvolvendo as potencialidades da criança em situações de aprendizagem.

Para Rau (2007, p. 50), "a utilização do lúdico como recurso pedagógico, na sala de aula, pode aparecer como um caminho possível para ir ao encontro da formação integral das crianças". Você pode utilizar atividades significativas que atendam aos interesses e estilos de aprendizagem de cada criança, articulando, assim, a realidade sociocultural do educando ao processo de construção de conhecimento e valorizando o acesso aos conhecimentos do mundo.

Cabe, então, ao professor estudar e entender a importância das brincadeiras na educação infantil. Sabemos que, atualmente, as crianças brincam menos, mesmo em seus momentos livres. A família busca preencher o tempo dos pequenos com cursos de línguas, informática, esportes etc. Isso não é necessariamente negativo para o desenvolvimento infantil, mas, se essas atividades ocuparem todo o tempo, elas deixam de ser prazerosas e interessantes para as crianças. Do mesmo modo, quando estimula as brincadeiras infantis, a família muitas vezes atende aos apelos da indústria fortalecidos pela mídia, oferecendo apenas brinquedos industrializados para as crianças.

Assim, cabe também aos profissionais que atuam nos cursos de Pedagogia buscar metodologias que considerem a ludicidade como um recurso para aprendizagens específicas, resgatar os jogos tradicionais e estimular a confecção de brinquedos com recursos oferecidos pela natureza, como palha, areia, água, pedras etc., elementos fundamentais para o desenvolvimento sensorial.

Também é importante que o professor se lembre do repertório cultural em que historicamente seu grupo de crianças está inserido, buscando atividades que envolvam o folclore, a música, as cantigas de roda e as parlendas.

Smith, citado por Moyles (2006), destaca o papel do adulto nas brincadeiras infantis, apontando que ele pode estimular ou desafiar os pequenos a brincar de formas mais desenvolvidas e complexas. O autor destaca que o adulto pode organizar materiais e propor desafios ao participar do brincar das crianças.

Para exemplificar o tema *ludicidade na educação*, sugerimos a seguir um plano de aula dedicado a crianças de nível pré-escolar. O conteúdo a ser trabalhado – a organização espacial – refere-se à área psicomotora. As atividades desenvolvidas têm como objetivos explorar o ambiente da sala de aula, por meio de brincadeiras, para o desenvolvimento de noções espaciais e identificar termos relacionados ao espaço que cerca a criança a partir de jogos de faz de conta, ampliando o vocabulário corporal e espacial.

ORGANIZAÇÃO ESPACIAL DA SALA DE AULA.

O professor organizará o espaço da aula, que poderá ser estruturado na própria sala ou em um espaço coberto e amplo. Para o desenvolvimento do trabalho, serão utilizados um aparelho para reprodução de CD com músicas infantis, uma bola de borracha e crachás com os nomes dos alunos (que poderão ser feitos com as crianças).

No início da aula, o professor irá explicar em que consiste a brincadeira chamada *pega a bola*, que servirá para estimular a interação entre as crianças e a identificação de seus nomes. O professor convidará os alunos a formarem um círculo e colocará músicas para todos escutarem e dançarem. Também pedirá que todos se movimentem livremente de acordo com o ritmo da música. O professor deverá mediar a ação. Após esse momento, será dada a uma das crianças uma bola, que deverá ser repassada, jogada manualmente pelos colegas, enquanto a música toca. Quando a música for interrompida, a criança que estiver com a bola falará seu nome e pegará seu crachá.

Na sequência, o professor ainda irá utilizar os crachás, que, além de ajudarem as crianças na aquisição da imagem mental da escrita do seu nome e dos colegas, servirão como recurso para a atividade chamada *história vivenciada*. Em cada crachá haverá o desenho de um animal, como gato, cão, urso, peixe, pássaro etc. O professor convidará as crianças a inventarem uma história com esses animais. Para isso, todos deverão sentar-se em círculo e cada criança irá criar uma parte da história, que será escrita pelo professor. Após todos se expressarem, o professor analisará o texto e depois lerá em voz alta a história coletiva, propondo que, toda vez que aparecer o nome de um animal, eles deverão imitar o movimento e a voz que esse animal produz. Por exemplo, quando aparecer o gato, as crianças poderão arrastar-se ou andar com quatro apoios e imitar o miado do animal. O professor poderá, também, colocar alguns obstáculos no espaço, como arcos pendurados, cadeiras unidas, tecidos espalhados pelo chão e cordas grandes formando caminhos, entre outros.

Para avaliar a atividade, ao final, o professor poderá organizar uma roda de conversa com os alunos, procurando nomear termos como *longe* e *perto*, *acima* e *abaixo*, *dentro* e *fora* etc. Poderá ainda observar como cada aluno relacionou esses termos durante a atividade.

3.1 REFLETINDO SOBRE A PRÁTICA

Com base na prática do planejamento sugerido, o professor pode fazer alguns questionamentos:

> **Pare e pense**
>
> Será que todas as crianças participaram da brincadeira da mesma maneira?
>
> Será que a motivação é a mesma para todas elas?
>
> Existem momentos em que elas estão mais motivadas e estimuladas a participar?
>
> Foram observadas aprendizagens específicas em torno da vivência da atividade?
>
> Os objetivos foram atingidos totalmente? Qual a utilidade das aprendizagens observadas?

Ao observar as crianças em situações lúdicas, o professor pode observar como elas aprendem, e esses dados devem ser relacionados a outras situações e a outros tipos de atividades desenvolvidas, como as que exigem registros escritos, desenhados ou orais. Um dos aspectos a serem percebidos é que muitas crianças têm dificuldade em expressar-se adequadamente. Assim, o adulto pode mediar esse momento questionando o que elas sabem sobre tamanhos, formas, noções de distância e noções topográficas, por exemplo.

A respeito dessa ideia, Moyles (2002, p. 21) destaca que "a maior aprendizagem está na oportunidade oferecida à criança de aplicar algo da atividade lúdica dirigida a alguma outra situação".

Nesse sentido, a **brincadeira desenvolve capacidades sensoriais, rítmicas, perceptivas e espaciais.** Brincar também favorece o desenvolvimento do raciocínio lógico, da atenção, da concentração e da memória, aspectos que contribuem para todo tipo de aprendizagem. Porém, há dois aspectos desenvolvidos pelas brincadeiras que são **essenciais** para o desenvolvimento e a aprendizagem infantil: a **imitação** e a **imaginação**.

O RCNEI (Brasil, 1998b, p. 21) ressalta o papel da **imitação** na aprendizagem infantil: "é visível o esforço das crianças, desde muito pequenas, em reproduzir gestos, expressões faciais e sons produzidos pelas pessoas com as quais convivem". Também Curtis, citado por Moyles (2006, p. 43), destaca que "as crianças praticam cada vez mais os papéis e as atividades adultas conforme crescem e se aproximam da idade em que isso fará parte de suas responsabilidades".

Essas questões estão relacionadas ao movimento, que proporciona a integração do sujeito ao meio em que vive. O sistema nervoso tem como objetivo controlar as atividades do organismo, como as contrações musculares e o funcionamento dos órgãos (fisiologia). Entre as funções desse sistema, está a integração das sensações, do pensamento, da consciência, da sensibilidade tátil aos estímulos recebidos.

Portanto, quando a criança nasce, dizemos que ela interage com o meio sensorialmente, pois percebe sons, mas não os discrimina; vê imagens que estão aproximadamente a 20 centímetros de distância; sente ser tocada, mas não identifica ainda as partes do corpo; sente cheiros e sabores, mas não sabe o que é doce, ácido ou salgado. A partir dessa etapa, ela começa a explorar objetos, sons e espaços. Dessa forma, começa a vivenciar uma série de interações que serão importantes no processo de construção do conhecimento. Quando o pequeno toca em diferentes texturas, sente prazer ou desprazer. Ao tocar em um tecido macio, pode gostar do contato, o que dificilmente ocorrerá ao experimentar uma textura áspera. Assim, ele guarda a sensação proporcionada pela experiência, o que mais tarde favorecerá a significação de conceitos sobre diferentes texturas.

A partir de 2 anos de idade, a criança passa a interessar-se pelas vivências que observa no seu cotidiano. Começa um período em que ela imita os adultos – familiares, professores e outras pessoas. Uma criança observa, por exemplo, a mãe coando o café na cozinha. Quando tem oportunidade, pega alguns objetos e faz de conta que manipula os mesmos utensílios utilizados pela mãe, representando, assim, praticamente todas as ações, na sequência em que foram produzidas de verdade. Ao final, serve o café e oferece a quem estiver por perto, como à própria mãe. Mais adiante, pergunta se o café está bom e, talvez, ofereça alguns biscoitos. Pois bem, quando ela representou a cena vista na cozinha, utilizou inicialmente a memória, habilidade cognitiva que nos faz iniciar processos mentais importantes.

Nessa perspectiva, o RCNEI concebe a imitação como "resultado da capacidade de a criança observar e aprender com os outros e de seu desejo de se identificar com eles, ser aceita e de diferenciar-se" (Brasil, 1998b, p. 31).

A memória é uma habilidade cognitiva importante no processo de desenvolvimento e aprendizagem infantil. Sobre esse aspecto, temos no trabalho com a elaboração de texto um ótimo exemplo da utilização da memória, do raciocínio, da atenção e da concentração. Um texto escrito precisa ter clareza, continuidade e coerência de ideias. Assim, ao organizá-lo, mesmo que com a mediação do professor, a estrutura deve apresentar início, meio e fim, o que demanda organização de pensamento por parte da criança.

Vygotsky (1989, p. 43) esclarece que, nos estágios mais primitivos do desenvolvimento social, a "memória natural" está diretamente relacionada aos "estímulos externos" sobre o homem. Ele destaca também a importância dos **signos** como ligação entre as condições biológicas e o desenvolvimento social do sujeito.

No processo de aprendizagem da leitura, quando se utilizarem recursos auxiliares, como figuras ou palavras escritas, isso não significa que a criança consiga relacioná-las ao significado. O papel dos signos com o objetivo de "formar associações elementares não é suficiente para garantir que a relação associativa possa vir a preencher a função instrumental necessária à produção da lembrança" (Vygotsky, 1989, p. 56). Nesse sentido, vale retomar aqui a ideia de que as atividades ditas *mecânicas*, ou seja, as que exigem apenas repetição sem significação, em nada contribuem para o desenvolvimento e a aprendizagem dos pequenos. Nessa perspectiva, a estimulação da criança pequena deve acontecer por meio de explorações de objetos e brinquedos, dramatizações, música, arte, enfim, situações lúdicas significativas no que se refere aos aspectos sensoriais, afetivos, motores e linguísticos.

Esse contexto é fundamental para as ações lúdicas que envolvem o brincar, o faz de conta e a imaginação, pois estas vêm ao encontro de propostas pedagógicas que favorecem a formação integral da criança. Outro aspecto importante da brincadeira na infância é a possibilidade de a criança lidar com suas emoções e sentimentos de forma diversificada. **Brincar propicia a resolução de conflitos emocionais e cognitivos na infância.**

A **imaginação** é outro aspecto abordado na prática das brincadeiras infantis e tem um caráter significativo na resolução de conflitos. Ao refletirmos sobre a violência na vida da criança pequena, podemos pensar nos sentimentos envolvidos quando ela está inserida num contexto familiar conturbado.

Pare e pense

Será que uma criança de 2 ou 4 anos tem maturidade suficiente para enfrentar situações de agressividade em sua casa?

Como ela se sente ao presenciar cenas de violência onde deveria ser o seu lugar de segurança afetiva e emocional?

A resposta a esses questionamentos é negativa: **não**, ela ainda não tem experiência suficiente para entender tais conflitos. Assim, o faz de conta pode ser um aliado na reflexão de questões afetivas envolvidas nesse contexto. **Quando há** possibilidade de brincar, de fazer de conta, a criança tem a oportunidade de reinventar sua vida, estabelecer regras, enfrentar desafios à sua maneira, primeiro, expressando sensações e sentimentos relacionados ao que vivenciou, depois, imitando e significando as ações que envolveram essas circunstâncias. Muitas vezes, a criança se mostra agressiva, revoltada, procura fazer justiça do seu jeito durante a brincadeira de faz de conta. Representa ações como colocar de castigo, gritar, bater ou outras ações que, na verdade, evidenciam coisas que gostaria de negar, situações e acontecimentos dos quais gostaria de não ter sido personagem. Em relação ao jogo de faz de conta, o RCNEI explica que:

> *No faz de conta, as crianças aprendem a agir em função da imagem de uma pessoa, de uma personagem, de um objeto e de situações que não estão imediatamente presentes e perceptíveis para elas no momento e que evocam emoções, sentimentos e significados vivenciados em outras circunstâncias.* (Brasil, 1998b, p. 22)

As escolas de educação infantil que proporcionam cenários lúdicos, como cantos pedagógicos, casinhas de bonecas, miniescritórios e até brinquedotecas, intervêm de maneira construtiva no desenvolvimento da identidade e da autonomia das crianças. **O brincar espontâneo**, como o estimulado no intervalo das aulas, nos passeios a parques e praças da cidade, favorece a compreensão da criança sobre as relações implicadas nos diferentes papéis dos adultos. Isso ocorre quando as crianças brincam de pai e mãe, de médico e paciente, de herói e bandido. Elas se comunicam por diferentes formas de expressão, demonstrando ao professor suas dificuldades e potencialidades.

A imaginação e a fantasia auxiliam a criança a lidar com obstáculos, conflitos, fracassos e sucessos, motivando-a a aprender a lidar com as outras pessoas.

Nesse sentido, o RCNEI afirma:

> *Cabe ao professor organizar situações para que as brincadeiras ocorram de maneira diversificada para propiciar às crianças a possibilidade de escolherem os temas, papéis, objetos e companheiros com quem brincar ou os jogos de regras e de construção, e assim elaborarem de forma pessoal e independente suas emoções, sentimentos, conhecimentos e regras sociais.* (Brasil, 1998b, p. 29)

Para entender melhor essa questão, leia atentamente a sugestão de aula no item a seguir. Reflita sobre o prazer das crianças que brincam na rua, na escola ou num espaço improvisado, analisando as seguintes questões: Você e seus colegas jogam xadrez, dama ou qualquer outro jogo de mesa? Percebe a maneira descontraída com que participam desse momento? Há competição? Você lida com as emoções ao ganhar ou perder, ou com a alegria ou a frustração durante a execução de suas estratégias?

O BRINCAR NA PRÁTICA: UM EXERCÍCIO DE CONVÍVIO SOCIAL

Este plano pode ser desenvolvido com o berçário, o maternal ou a pré-escola. O conteúdo é o jogo de faz de conta. Tem como objetivos incentivar a crinaça a brincar de casinha, favorecendo a expressão de sentimentos em relação aos aspectos familiares, estimular a vivência de experiências em grupo, elaborando-se regras para a convivência social, e estimular a criatividade e a imaginação.

O professor organizará um espaço na sala de aula destinado aos cantos pedagógicos. Em uma parte, colocará objetos que lembrem os de uma casa: almofadas e colchonetes, abajures, tapetes, fogão e panelas de brinquedo, mesa e cadeiras. Também poderão ser oferecidas imitações de alimentos, como os que são utilizados nas brincadeiras de mercado, ou embalagens vazias e limpas. Folhas caídas de árvores, areia e água também poderão fazer parte do material. Mas atenção: com os pequenos, o professor precisará estar atento para que não levem nada à boca.

O professor convidará as crianças a brincarem de casinha, em pequenos grupos, no canto pedagógico, mostrará os brinquedos e fará alguns questionamentos: Como se brinca? O que os brinquedos representam? Elas (as crianças) têm espaços parecidos com aquele? Após o diálogo, o professor deixará as crianças brincarem livremente por aproximadamente 30 minutos e observará todo tipo de expressão, anotando algumas falas, gestos, sentimentos etc.

No final da atividade, o professor estenderá uma folha grande de papel tigre, madeira ou bobina no chão e pedirá às crianças que desenhem aquilo que mais gostaram na brincadeira. Também, nesse momento, anotará outras questões específicas que considerar importantes, as quais poderão ser discutidas com a equipe pedagógica em momentos de avaliação.

Para a criança, as brincadeiras de faz de conta são fundamentais para a evolução do processo criativo, pois, quando brincam, expressam sentimentos com liberdade. Em situações lúdicas, os pequenos criam e recriam situações que lhes permitem significar a si e aos outros em diferentes contextos e realidades.

Saiba mais

Cantos pedagógicos são "cantos estruturados, organizados e reorganizados de tempos em tempos", que "promovem interações e autonomia para os pequenos" (Silva et al., citados por Rosseti-Ferreira, 1998, p. 152).

Os cantos pedagógicos são excelentes meios para o desenvolvimento da imaginação, da criatividade e da expressão do cotidiano. Podem ser explorados de diferentes maneiras, obedecendo aos **aspectos funcionais** da organização do espaço da sala de aula pelo professor, considerando-se que o mesmo espaço pode servir a diferentes encaminhamentos metodológicos, dependendo dos objetivos e da mediação do professor.

Para Silva et al., citados por Rosseti-Ferreira (1998, p. 153), "cada novo canto [pedagógico], com novos temas e personagens, é um estímulo para a capacidade de criação das crianças e dos educadores. O canto dá oportunidade para interagirmos com as crianças. Dá oportunidade também para que haja interação entre elas".

3.2 O BRINCAR E A CRIATIVIDADE

A **criatividade** não está separada de outras áreas, como a linguagem e a afetividade, sendo um aspecto importante a ser pesquisado por quem pretende lidar com as crianças em suas primeiras interações com o mundo.

Para Moyles (2002, p. 83), "a criança, como criadora, aparece na maioria dos contextos lúdicos". É o que se percebe nos grupos de crianças ao redor de brinquedos de encaixe, jogos de construção, carrinhos, telefones e bonecas ou rolando na grama, subindo em árvores, fazendo bolo de areia.

A autora afirma, ainda, que "as crianças criam e recriam constantemente ideias e imagens que lhes permitem representar e entender a si mesmas e suas ideias sobre a realidade" (p. 83).

O RCNEI define que "estas aprendizagens devem estar baseadas não apenas nas propostas dos professores, mas, essencialmente, na escuta das crianças e na compreensão do papel que desempenham a experimentação e o erro na construção do conhecimento" (Brasil, 1998b, p. 30).

O brincar na educação infantil requer espaço e tempo mediados pelo professor. Quando fazemos referência à mediação, queremos dizer que as ações do professor antes e durante as brincadeiras devem considerar um espaço e tempo pensado e organizado, proporcionando, assim, interações entre as crianças e os objetos. Ao considerarmos que quem brinca está aprendendo, mesmo que não tenha a intenção da aprendizagem, referimo-nos ao tempo, não àquele que corre no relógio, mas ao tempo significativo para a criança.

> Cada criança, individualmente ou em grupo, tem um ritmo próprio para explorar, perceber, interagir, questionar, desconstruir e reconstruir pensamentos sobre o que vê e sente.

Nessa perspectiva, o professor, ao considerar a criança como sujeito do processo de ensino-aprendizagem, participa mediando interações e significações de seus alunos por meio da prática lúdica. Para que isso ocorra, ele deve ficar atento às linguagens das crianças no momento da brincadeira. O brincar, mesmo quando livre ou espontâneo, requer mediação.

Nesse contexto, Hurst, citado por Moyles (2006, p. 200), destaca que "a observação do brincar é, ao mesmo tempo, um processo exigente e gratificante para o profissional, desafiando-o a aprender a partir do que ele observa no comportamento espontâneo da criança".

Durante nossa prática nas instituições de educação infantil, ao observarmos as crianças pequenas diante de um espelho, notamos como estas se comunicavam com suas imagens e com as dos outros, explorando movimentos, percebendo partes do corpo e colocando e tirando objetos como óculos, chapéus etc. É nesses momentos que se percebem as construções no plano da subjetividade de cada uma delas.

Apontamos ainda outro aspecto a ser considerado pelo professor: a escolha dos materiais e jogos que serão utilizados com a criança. Sabemos que o professor quase sempre tem total controle sobre os materiais utilizados na escola e define o que será oferecido às crianças. Assim, além de ofertar objetos diferentes dos que ela possui fora do contexto escolar, também pode orientar a escolha dos objetos e dos brinquedos pensando em estimular e desafiar a criatividade das crianças.

O BRINCAR NA PRÁTICA: A CONSTRUÇÃO DA IMAGEM CORPORAL COMO UM EXERCÍCIO DE AUTONOMIA

A aula sugerida pode ser aplicada em todos os níveis da educação infantil, berçário, maternal e pré-escolar. O conteúdo é o jogo de faz de conta e tem como objetivos identificar as partes do corpo diante do espelho para desenvolver a imagem corporal e explorar objetos relacionados ao corpo, favorecendo também a autonomia.

O trabalho será desenvolvido em uma sala com espelho, livre de cadeiras, carteiras etc. Após a organização do espaço, o professor levará as crianças para a frente do espelho, estimulando-as a perceber-se livremente e, em seguida, irá ajudá-las a nomear as partes do corpo. No centro da sala, deverão ser colocados materiais que levem a criança a identificar e perceber as diferentes partes do corpo, como pulseiras, óculos de plástico, chapéu, roupas, sapatos, colares, bigode postiço, meias, luvas etc. Em seguida, deixará que as crianças explorem esses objetos e os usem. Enquanto observa as iniciativas dos pequenos, poderá perguntar o nome do objeto, sua cor, para que serve, estimulando as crianças a identificarem a parte do corpo relacionada a ele. Durante o trabalho, poderão ser ouvidas cantigas que falem das partes do corpo.

No berçário, o professor poderá observar vocalizações e identificação das partes do corpo. Com base nas expressões voluntárias do bebê, contextualizará e desenvolverá os conteúdos. No maternal e no pré, poderá ser observada a relação que a criança faz com sua imagem corporal. Com as crianças de maternal, o professor irá observar se os bebês diferenciam parte superior e inferior do corpo; com as de pré, se já relacionam os objetos às partes do corpo. Poderá ainda propor uma atividade de desenho sobre a experiência, por meio da qual as crianças expressarão o significado do que foi trabalhado.

Os estudos de Vygotsky (1989) revelam que o brinquedo atende às necessidades de ação da criança. Assim, ao desenvolver interações por meio das brincadeiras, a criança age de acordo com suas motivações, interesses e potencialidades. Para o autor, "todo avanço está conectado com uma mudança acentuada nas motivações, tendências e incentivos" (p. 105).

Ilustração: Marcelo Lopes

Lev Semënovic Vygotsky nasceu em 17 de novembro de 1896, em Orsha, e faleceu por tuberculose, aos 37 anos, em 11 de junho de 1934, em Moscou. Foi um psicólogo bielorrusso cujo estudos foram descobertos nos meios acadêmicos ocidentais apenas depois da sua morte. Importante pensador, foi pioneiro ao assumir a noção de que o desenvolvimento intelectual das crianças está relacionado às interações sociais e às condições de vida.

A teoria de Vygotsky aborda diferentes níveis de brincadeira. Para crianças com menos de 3 anos, ela satisfaz seus desejos imediatos. Nesse sentido, ao observarmos os pequenos brincando, podemos peceber que exploram objetos e que a intensidade e motivação durante a interação duram pouco.

Já as crianças com idade entre 4 e 6 anos têm motivações maiores, que na maioria das vezes estão ligadas a desejos que nem sempre podem ser satisfeitos de imediato. Vygotsky (1989) cita o exemplo de uma criança que deseja imitar sua mãe. Nesse caso, a criança encontra na imaginação a possibilidade de satisfação desse desejo. Nas palavras do autor, "a criança em idade pré-escolar envolve-se num mundo ilusório e imaginário onde os desejos não realizáveis podem ser realizados, e esse mundo é o que chamamos de brinquedo" (p. 106).

Quando a criança se envolve em ações lúdicas, ela desperta sua imaginação. Isso ocorre, por exemplo, quando um grupo de crianças decide brincar. Inicialmente, elas não sabem exatamente do que brincar, então trocam ideias e elaboram o tema de suas brincadeiras. A partir desse momento, definem espaços e objetos que servirão de suporte para elas. No começo não há intencionalidade em relação às ações que serão desenvolvidas. Assim, quando dialogam e interagem, as crianças problematizam e representam os cenários de seu cotidiano. Nesse sentido, o brincar se distingue de qualquer outra forma de atividade, pois nele a criança cria uma situação imaginária.

As regras, nessa perspectiva, são importantes na brincadeira.

Pare e pense

Se a criança começa com uma situação imaginária desprovida de intencionalidade, como surgem as regras na brincadeira?

Podemos dizer que as regras estão implícitas, pois toda ação da criança é a imitação de comportamentos humanos, assistidos ou vivenciados em suas relações com o outro. Por isso, a regra já existe e faz parte do brincar, mas nem sempre ela atende às necessidades de quem participa das brincadeiras. As regras podem ser repensadas e modificadas para atenderem a necessidades e motivações infantis.

O universo lúdico contempla, além do brinquedo e das brincadeiras, o **jogo**, cuja principal característica é apresentar regras. Contudo, quando a criança participa de determinado jogo, ela também coloca em ação a imaginação, que, como a regra na brincadeira, é oculta e só se faz presente a partir das necessidades e interesses dos participantes que desejam atingir metas.

Como exemplo, temos o jogo **amarelinha** – também conhecido como *sapata* e *pula macaco*, dependendo da região do país. É classificado como um jogo de atirar, segundo Friedmann (1996), e tem por característica o lançamento de objetos a determinadas distâncias, para dentro de espaços delimitados. Ainda, segundo a autora, a amarelinha desenvolve a área físico-motora por exigir destreza corporal para pular alternando os pés em um espaço definido. Também trabalha a área cognitiva, pois envolve conceitos matemáticos, como sequência, ordem e noção espacial. Já na área afetiva, Friedmann aponta que o jogo ensina a criança a compreender a espera da vez.

Assim, quando o professor ensina esse jogo para crianças da pré-escola, por volta dos 4 ou 5 anos de idade, percebe que, após algumas explicações e vivências da brincadeira, seus alunos conseguem desenvolvê-la com certa eficiência. Porém, se a mesma brincadeira for trabalhada com crianças de 3 anos, talvez os resultados não sejam iguais. Isso porque crianças dessa idade ainda estão em plena exploração e descobertas corporais, dificultando sua participação e tornando a brincadeira sem sentido para elas.

Ilustração: André Figueiredo Mueller

Jogo amarelinha

O que fazer, então? A partir da observação e interação das crianças, você pode modificar as regras da amarelinha. Pode formar uma fila com os pequenos e explorar diferentes formas de pular, com os dois pés, buscando equilíbrio, utilizando os números que já são conhecidos ou que fazem parte do seu cotidiano.

A regra caracteriza o jogo; é construída para formar um conjunto de normas que organizam uma prática lúdica e quase sempre competitiva entre sujeitos de grupos afins ou oponentes.

> O jogo, em sua estrutura, sempre fez parte da sociedade e, nesse sentido, suas diferentes formas de expressão mostram também a evolução histórica do ser humano.

O jogo faz parte do referencial cultural de cada sociedade. Assim se explica seu aspecto tradicional, o que significa dizer que os jogos passam de geração em geração e são modificados em sua estrutura ou em suas regras, visando atender às motivações e aos interesses dos que deles participam em momentos históricos diversos. É nessa prática que desenvolvemos com as crianças noções de cooperação, solidariedade, respeito consigo e com o outro, ou seja, valores que fazem parte das relações humanas e precisam ser resgatados e reelaborados na sociedade.

Como exemplo da prática pedagógica com jogos tradicionais na educação infantil, leia com atenção o encaminhamento sugerido a seguir.

Esta aula pode ser desenvolvida com crianças da pré-escola e tem como objetivos desenvolver a motricidade fina; desenvolver as noções de espaço-temporal e de matemática; ensinar as crianças a esperar a vez nas atividades em grupo, lidando com a ansiedade; desenvolver a atenção e a criatividade por meio da escolha de materiais e elaboração de regras.

O professor escolherá um espaço agradável da escola e convidará seus alunos a participar de um jogo: explicará inicialmente que o jogo das pedrinhas, ou cinco-marias, é muito antigo, e chegou até nós passando de geração em geração, por isso é **tradicional**. Perguntará às crianças quem conhece o jogo. É importante nesse momento dar oportunidade a todos para falar a respeito de seus conhecimentos sobre o jogo. É comum que algumas crianças falem de outras brincadeiras, que, apesar de diferentes da poposta, associam-se ao tema *brincar*.

Para dar início à brincadeira, o professor mostrará as cinco pedras ou saquinhos feitos de tecido e arroz. Deverá explicar e demonstrar que o jogo é desenvolvido em cinco etapas, como as descritas por Friedmann (1996, p. 97):

> *1ª – jogam-se as cinco pedrinhas no chão. Lança-se uma para o alto. Nesse instante, pega-se outra pedrinha do chão e tenta-se apanhar aquela que foi lançada para o alto. E assim, uma a uma.*
> *2ª* – idem, *pegando-se as pedrinhas duas a duas.*
> *3ª* – idem, *pegando-se uma pedrinha e depois uma que fica como resto.*
> *4ª* – idem, *pegando-se quatro pedrinhas de uma vez. Para ver quem ganha, tiram-se os pontos na palma da mão: jogam-se cinco pedrinhas para cima e tenta-se pegá-las com as costas da mão. Cada pedrinha vale de 10 a 20 pontos.*

Por ser um jogo tradicional, na avaliação da aula o professor deverá observar o diálogo das crianças antes e durante a sua prática, percebendo como lidam com as regras, quais conhecimentos têm sobre jogos antigos e que significados dão a eles. Por fim, irá propor aos alunos que pesquisem jogos conhecidos por seus familiares e amigos e tragam para a sala. A pesquisa poderá ser sistematizada em um projeto cultural envolvendo literatura, cujo objetivo seja a confecção de um livro com os jogos pesquisados pelas crianças. Esse projeto poderá fazer parte de uma semana literária envolvendo escola, família e comunidade.

No Brasil, infelizmente, o brincar ainda é visto como um passatempo, uma atividade para ocupar as crianças nos momentos em que o professor corrige seus cadernos, escreve na agenda, sendo, assim, desvinculado da aprendizagem. Também ocorrem situações em que os educadores encontram resistência à prática pedagógica lúdica por parte das famílias das crianças, que desconfiam da brincadeira como recurso pedagógico, ou até pela equipe pedagógica da escola, pois se acredita que a aprendizagem acontece apenas por meio de atividades escritas.

A prática pedagógica ainda está muito vinculada a ações que nem sempre consideram a criança como um ser social e histórico, mas um indivíduo desprovido de qualquer tipo de conhecimento e que necessita de direcionamento rígido, desvinculado de sua realidade. Contudo, cabe aos profissionais da educação infantil valorizar a brincadeira no contexto escolar, proporcionando tempo e diferentes espaços e materiais para atividades lúdicas espontâneas e direcionadas, que estimulem as crianças a desenvolver diferentes formas de linguagem – o brincar em uma perspectiva construtiva, que torne seus saberes significativos.

> Nas palavras de Friedmann (1996, p. 75), "O professor é mais do que um orientador: ele deve ser um desafiador, colocando dificuldades progressivas no jogo, como uma forma de avançar nos seus propósitos de promover o desenvolvimento ou para fixar aprendizagens. Esse é o grande papel do professor enquanto educador lúdico e criativo".

A seguir, trataremos sobre a questão do processo de avaliação no que diz respeito às atividades lúdicas na educação infantil.

3.3 A AVALIAÇÃO DO LÚDICO NA EDUCAÇÃO INFANTIL

Análises a respeito da ludicidade na educação infantil demonstram que jogos e brincadeiras transformam a escola em um espaço privilegiado para a promoção do desenvolvimento e da aprendizagem.

A observação dos alunos em brincadeiras requer do adulto conhecimento sobre diversos aspectos referentes à educação e a outras áreas, como psicologia, filosofia e sociologia. Concordando com essa ideia, Hust, citado por Moyles (2006, p. 200), destaca que "a observação é um processo profissional de alto nível e requer um entendimento bem fundamentado da educação da primeira infância e o desenvolvimento da experiência em sala de aula". O autor afirma ainda que a observação do brincar é muito producente para o educador, pois assim ele aprende a analisar o comportamento e as habilidades dos educandos.

Nesse sentido, é preciso considerar que, de acordo com a atual concepção de avaliação – diagnóstica e progressiva –, **devemos elaborar uma forma de avaliação que verifique o significado que o aluno deu ao conteúdo trabalhado**, utilizando diferentes instrumentos, como novas formas de brincar, produção coletiva de textos (mediada pelo professor), produção de desenhos, novas formas de exploração dos materiais, dramatizações etc.

3.4 SUGESTÕES DE JOGOS E BRINCADEIRAS PARA A EDUCAÇÃO INFANTIL

Pelo que foi abordado neste capítulo até agora, você deve ter percebido a importância dos jogos e das brincadeiras na infância. Para finalizar a abordagem desse tema, listamos aqui algumas sugestões de jogos e possíveis encaminhamentos para as aulas. Dessa forma, você já pode fazer um exercício mental e imaginar as crianças nessas atividades ou, se você já atua na educação infantil, pode pensar nas adaptações necessárias para aplicar essas atividades com seus alunos.

PESQUISANDO BRINCADEIRAS E EXPLORANDO ENCAMINHAMENTOS

Grande parte dos professores da educação infantil já conhece a ligação entre o brincar e algumas práticas específicas que envolvem o cotidiano da sala de aula, já que é possível aliar as atividades rotineiras às ações lúdicas. Observe algumas sugestões para aplicar no cotidiano escolar:

› Perguntar às crianças que brincadeiras elas conhecem e de quais participam dentro e fora da escola. Pesquisar: local onde brincam, objetos e materiais utilizados, regras, fatos ocorridos, conceitos e significados, formas de movimentos (andar, correr, saltar, trepar, arrastar, empurrar, puxar, arremessar, carregar etc.), ritmos, danças etc.

› Com base no levantamento das brincadeiras e formas de movimentos conhecidos pelas crianças, contextualizar os conteúdos.

› Montar com as crianças painéis, livros de história, texto coletivo (sempre servindo como mediador) etc., refletindo sobre a questão cultural da brincadeira.

› Confeccionar com as crianças roupas, fantasias e outros acessórios para dramatizações.

› Escolher uma história e, depois, montar um teatro com caixas de papelão e bonecos feitos de pano, jornal, massa de modelar etc.

- Ensinar danças folclóricas tradicionais (regionais, internacionais): levantar informações sobre elas, deixar que as crianças criem e ensinem passos umas às outras.
- Ensinar jogos com regras simples em que seja possível a utilização de todos ou, pelo menos, da maioria dos movimentos fundamentais (andar, correr, pular, agachar, puxar, empurrar etc.).
- Montar com as crianças circuitos que necessitem de diferentes habilidades em um jogo de faz de conta. Exemplos: atravessar um rio ou mar, com jacarés ou tubarões, balançar-se num cipó, pular um buraco, jogar uma corda com uma pedra amarrada na ponta para subir em uma árvore ou escalar uma montanha etc.
- Nas atividades de lançar e receber, fazer com que as crianças alcancem alvos fixos ou móveis.
- Nas atividades de saltar e cair, fazer com que as crianças saltem ou caiam de diferentes maneiras. Exemplos: com dois pés juntos; correr alguns metros e saltar etc.

As brincadeiras de roda, as cantigas e as expressões corporais são um excelente recurso para estimular as linguagens infantis. Nesse sentido, trazemos aqui a sugestão de algumas atividades que podem enriquecer o repertório cultural das brincadeiras para a infância:

Ingimage

Cantigas de roda: *A canoa virou, Ciranda, cirandinha, Se esta rua fosse minha, Boneca de lata, Escravos de Jó, Peixe vivo, Teresinha de Jesus, Samba Lelê, O sapo não lava o pé.*

Expressão corporal: reconhecer e localizar determinadas partes corporais em relação às demais, aplicando noções de lateralidade; reconhecer partes duras e moles, com pelos etc.; brincar de respirar com o nariz tampado, falar e cantar com o nariz tampado etc.; imitar movimentos de pêndulo, utilizando apenas o tronco, em diferentes posições.

Ingimage

Integração do corpo como um todo: atividades que enfatizem articulações, localização espacial, ossos e musculatura, modificação do tônus muscular, flexibilidade, partes que cumprem a mesma função, simetria de movimentos.

Jogos cooperativos: entre uma atividade e outra, convidar as crianças a guardar os brinquedos e outros materiais utilizados. Pode-se também pegar uma caixa grande cheia de brinquedos, bolas coloridas, sucatas diversas (observando o tamanho) e brincar com as crianças de retirar e recolocar os objetos dentro.

Brincando com as caixas de sapato: colocar à disposição das crianças caixas de sapato com tampas removíveis repletas de pedaços de madeira coloridos e outra caixa fechada, com buracos recortados na parte superior, de diferentes tamanhos e formas de onde saem pedaços de papel celofane de diferentes cores; estimular as crianças a explorarem o material para que se familiarizem e, em seguida, propor a elas a montagem de torres para que derrubem e remontem. Para dar continuidade a essa atividade, pode-se oferecer caixas fechadas com objetos dentro, maiores que os buracos recortados, para desafiar as crianças a retirá-los, ou fazer recortes menores, onde não caibam os objetos disponíveis e, assim, observar as reações delas.

Brincando com bolas: oferecer às crianças bolas de diferentes tamanhos, de borracha e de tecido; deixar que explorem o material livremente. Depois disso, estimulá-las a atirar as bolas para cima, para frente, umas para as outras etc.; equilibrar ou rolar uma bola pequena em diferentes partes do corpo.

Comstock

Palminhas na contação de história: as crianças ficam ao redor do professor, que narrará uma história. Toda vez que aparecer determinado personagem, as crianças batem palmas.

Jogos recreativos: propor às crianças que corram à vontade pelo espaço e, toda vez que o professor fizer um sinal previamente combinado, elas devem tocar determinado objeto.

Jogos com arcos (bambolês): amarrar uma corda de um extremo a outro da sala e, ao longo da corda, prender alguns bambolês distantes uns dos outros, para que as crianças os ultrapassem. Podem ser deixados alguns arcos soltos pelo chão. Cantar a música *Passa, passará* enquanto fica como mediador da brincadeira. Letra: "Passa, passará / quem de trás ficará / a porteira está aberta / para quem quiser passar. / Passa um, passa dois, e o último ficará" (nesse momento, prender uma criança com o arco).

Alguns jogos tradicionais:

Comstock

Amarelinha: estimular as crianças a pularem amarelinha, à sua maneira. É importante que o professor organize uma fila e as auxilie para que não tentem pular todas de uma vez, pois as crianças com menos de 3 anos ainda não compreendem a espera da vez para participar das atividades e das brincadeiras.

Boca do palhaço: feito com uma caixa grande de papelão, com o desenho de um rosto de palhaço, cuja boca é recortada e aberta para que a criança atire nela bolas de papel confeccionadas por ela com a ajuda do professor.

Batatinha frita: o professor ou uma criança fica em um local da sala, perto de uma parede e, ao virar-se de costas, fala "batatinha frita um, dois, três", vira de frente para as outras crianças e estas, que estavam correndo na sua direção, param como se fossem estátuas. Prossegue a brincadeira de acordo com a mediação do professor.

Ingimage

Meu bebê: preparar o ambiente para que todas as crianças fiquem confortáveis e integradas; espalhar bonecas pela sala; pegar uma delas e fazer de conta que está "nanando"; cantar cantigas de roda e colocá-las para dormir; observar a reação das crianças e estimulá-las a brincar com as bonecas, fazendo-as dormir, ou então o professor repete o encaminhamento inicial com cada criança.

Telefone: utilizar dois copos de iogurte furados no fundo e em cada furo passar um barbante, que fica preso por um nó de maneira que se fixe no copo; brincar com as crianças estendendo bem o fio para que fiquem longe umas das outras. Uma fala dentro do copo enquanto a outra escuta colocando o outro copo na orelha.

O chão é o limite: convidar as crianças a ficarem dispostas livremente na sala; utilizar três tapetes com cores diferente, feitos com EVA, com 30 x 40 cm cada, no chão; pedir às crianças para escolherem o tapete de que mais gostam. Escolhido o tapete, o professor pede para que cada criança suba no tapete escolhido. Pode dizer também que o tapete é mágico e que, por isso, elas não podem sair de cima dele, estimulando a imaginação. Explorar diferentes posições de equilíbrio com os pequenos, ficando apoiados apenas sobre um pé, ou com os joelhos, ou só com o quadril etc.

Escravos de Jó: organizar as crianças sentadas em círculo e distribuir para todas caixinhas de fósforos encapadas; ensinar a música cantando e/ou ouvindo um CD: "Os escravos de Jó/jogavam caxangá/tira, bota, deixa o Zé Pereira ficar/guerreiros com guerreiros/fazem zigue-zigue-zá (bis)".

História maluca: a atividade pode ser feita em um lugar aberto, como um gramado. Pedir que todos se sentem em círculo; estimular uma criança a iniciar uma história, que deve ser completada pelo colega vizinho à sua direita, e assim sucessivamente, até todos contribuírem com essa história divertida.

Caixinha surpresa: pedir às crianças que se organizem em círculo. É necessário providenciar um CD-*player*, alguns CDs, uma pequena caixa, papéis com sugestões de movimentos de imitação. O professor coloca uma música e a caixinha passará de mão em mão rapidamente. Quando a música para, a criança que segura a caixinha retira um papel (aquele com sugestões de movimentos) e tenta reproduzir o que diz ali. Imitações: imitar movimentos de animais, sons da natureza etc.

Brincadeiras com balões: organizar as crianças primeiramente em duplas, depois em grupos; entregar a elas balões e estimulá-las a explorá-los (cor, textura, sons etc.), jogá-los para o ar, chutá-los feito bola; pedir às crianças que, em duplas, prensem o balão com as costas umas contra as outras e que tentem girar completamente sem deixar o balão cair. O balão pode ficar preso testa com testa e a dupla dançar ao som de uma música. Por fim, uma competição: balões amarrados nos pés dos participantes, que, em duplas, dançam ao som de ritmos regionais. A brincadeira consiste em estourar os balões dos colegas sem parar de dançar.

SÍNTESE

- As crianças necessitam ver, tocar e manipular.
- Em todas as atividades práticas, o professor deve explicar aos alunos o significado das brincadeiras, como forma de estimulá-los a resolver problemas (individual e coletivo), a desenvolver sua autonomia e a reflexão crítica sobre o contexto social em que estão inseridos.
- O brincar é uma atividade imprescindível para o desenvolvimento e a aprendizagem da criança.
- A organização do espaço e a escolha de materiais podem ser ricas e desafiadoras para a criança, principalmente se o professor considerar suas necessidades e seus interesses.
- Nas brincadeiras espontâneas, a criança demonstra suas características afetivas, seu contexto social, seus conflitos e sentimentos. Por meio dessas atividades, o professor pode observar sua personalidade.

INDICAÇÃO CULTURAL

SITES

LABRIMP – LABORATÓRIO DE BRINQUEDOS E MATERIAIS PEDAGÓGICOS. Disponível em: <http://www.labrimp.fe.usp.br>.

O Labrimp estuda a relação entre teoria e prática pedagógica e o conhecimento da realidade brasileira na área de brinquedos e materiais pedagógicos. As pesquisas são coordenadas pela Professora Dr[a]. Tizuko M. Kishimoto e possibilitam reflexões sobre a importância do brincar para a criança no contexto escolar.

ATIVIDADES DE AUTOAVALIAÇÃO

Faça a leitura atenta do terceiro capítulo, levantando questões para reflexão e fazendo anotações individuais. Depois, responda às questões:

[1] O jogo utilizado em sala de aula torna-se um meio para se chegar aos objetivos educacionais. Assim, o professor interfere na valorização das características e potencialidades dos brinquedos e de suas estratégias de exploração.

Quais alternativas a seguir expressam a ideia da afirmativa anterior?

[I] Isso ocorre porque o professor, ao estimular o brincar na sala de aula, considera que a criança o faz a partir de uma situação imaginária. Assim, ele deve direcionar o tema da brincadeira e não deixá-la acontecer espontaneamente.

[II] Isso ocorre porque o professor, ao utilizar o jogo como recurso pedagógico, pode oferecer informações sobre ele, estimulando e desenvolvendo as potencialidades da criança em situações de aprendizagem.

[III] Ao utilizar o jogo como recurso pedagógico na educação infantil, o professor deve utilizar atividades sempre direcionadas e escolhidas por ele de acordo com o seu planejamento.

[IV] O professor pode articular a realidade sociocultural do educando ao processo de construção do conhecimento.

Marque a alternativa que corresponde às afirmações corretas:

[A] II e IV.

[B] I e III.

[C] II, III e IV.

[D] I e II.

[2] Moyles (2002) destaca que a maior aprendizagem acontece quando se oferece à criança a oportunidade de aplicar algo da atividade lúdica em outra situação. A alternativa que corresponde à abordagem da autora é:

[A] Ao observar situações lúdicas em sua turma, o professor percebe como a criança aprende, e esses dados devem ser relacionados a outras atividades desenvolvidas, como as que exigem registros escritos ou orais.

[B] A brincadeira desenvolve as capacidades básicas sensoriais e favorece o desenvolvimento do raciocínio lógico.

[C] A brincadeira favorece a imitação e a memória, atividades essenciais no desenvolvimento e na aprendizagem infantil.

[D] Ao observar as crianças em situações lúdicas, o professor percebe características das áreas motoras, e esses dados não se relacionam com a aprendizagem em sala de aula.

[3] As escolas de educação infantil que oferecem cenários lúdicos envolventes, como cantos pedagógicos, casinhas de boneca, miniescritórios e brinquedotecas, intervêm de maneira construtiva no desenvolvimento da identidade e da autonomia da criança. Nesse sentido, é correto afirmar:

[I] O brincar infantil, estimulado de forma espontânea, favorece a representação de papéis e auxilia a criança a interpretar as ações do cotidiano.

[II] O ato de imaginar auxilia a criança a lidar com os conflitos nas relações com o outro, o que favorece a transposição do mundo social para o universo infantil.

[III] Os cantos pedagógicos favorecem o desenvolvimento da imaginação, mas não representam avanços concretos da cognição.

[IV] Quando brinca, a criança lida com o prazer e, assim, as situações de fracasso não são elaboradas.

A opção que apresenta as alternativas corretas é:

[A] I e IV.

[B] I e II.

[C] II, III e IV.

[D] I e III.

[4] Faça as correspondências adequadas entre as categorias de jogos indicadas e as afirmações que seguem:

[I] O brincar como um exercício de convívio social

[II] O brincar e a criatividade

[III] O brincar e a construção da imagem corporal

[IV] O brincar e a avaliação diagnóstica

[ ] A prática de jogos e brincadeiras é um meio para estimular, analisar e avaliar aprendizagens específicas e habilidades dos jogadores envolvidos.

[ ] Quando brinca, a criança explora movimentos corporais, identificando, assim, suas possibilidades e limites espaciais.

[ ] A criança como criadora aparece na maioria dos contextos lúdicos.

[ ] Em situações lúdicas, os pequenos criam e recriam situações que lhes permitem significar a si e aos outros em diferentes contextos e realidades.

Marque a alternativa que corresponde à sequência correta:

[A] I, II, III, IV.

[B] IV, III, II, I.

[C] IV, II, III, I.

[D] IV, I, II, III.

[5] Nas alternativas seguintes, assinale F (falso) ou V (verdadeiro) em relação à seguinte afirmação: "O brincar é um processo no caminho para a aprendizagem, mas um processo vital e influenciável, e é na implementação do currículo que o brincar mantém a sua posição, pois é no desenvolvimento de muitos aspectos intangíveis que o brincar se sobressai" (Moyles, 2002, p. 106).

[ ] O jogo e a brincadeira não possibilitam o trabalho pedagógico com conceitos sistematizados das áreas de conhecimento.

[ ] O brincar espontâneo possibilita à criança a expressão de ideias sobre determinados conteúdos, como a

linguagem e a escrita, que podem ser estimulados pelo professor.

[ ] As regras dos jogos ajudam a criança a identificar suas ações e as dos outros, o que desenvolve uma postura cooperativa e de convívio harmonioso.

[ ] A prática de jogos de faz de conta na escola possibilita a diversão, mas não a percepção dos papéis do mundo adulto.

[ ] A inclusão do jogo e da brincadeira nas propostas pedagógicas escolares tem grande importância no cenário educacional e justifica-se, segundo estudiosos da área, pela aquisição do simbólico, pois, ao brincar, a criança aprende a criar símbolos.

A alternativa que apresenta a sequência correta é:

[A] F, V, V, F, V.
[B] F, F, V, F, V.
[C] V, V, F, F, V.
[D] V, V, V, F, V.

ATIVIDADES DE APRENDIZAGEM

QUESTÕES PARA REFLEXÃO

No Brasil, o brincar ainda é visto como um passatempo, uma atividade para ocupar as crianças nos momentos em que o professor corrige seus cadernos ou escreve na agenda; por isso, é desvinculado da aprendizagem. Também ocorrem situações em que os educadores encontram resistência à prática pedagógica lúdica por parte das famílias das crianças, que questionam a brincadeira como recurso pedagógico, ou até pela equipe pedagógica da escola, que, muitas vezes, acredita que a aprendizagem deve ocorrer apenas com atividades escritas.

Reflita sobre essa ideia e sobre os seguintes aspectos:

[1] A prática pedagógica ainda é muito vinculada a ações que nem sempre consideram a criança como um ser social e histórico, mas um indivíduo desprovido de qualquer tipo de conhecimento e que necessita de direcionamento rígido e desvinculado de sua realidade. Nesse sentido, como o professor pode mediar as situações de brincadeiras, relacionando-as aos conteúdos escolares?

[2] O brincar como recurso pedagógico demanda estudo do professor, como a definição de objetivos e a escolha adequada de jogos e brincadeiras. Como essas ações podem informar corretamente a importância do brincar para a criança e para a família que o considera apenas como um passatempo?

ATIVIDADES APLICADAS: PRÁTICA

Atividade 1

[1] Forme um grupo com mais quatro colegas na sala de aula e elaborem juntos um jogo para os alunos do maternal, escolhendo o tema e o objetivo.

[2] Construa os recursos e apresente para a sua turma. Debata sobre a participação de cada um na elaboração do jogo.

[3] Faça anotações sobre o debate, individualmente.

[4] Reúna o grupo e compare as anotações.

[5] Elabore um texto reflexivo sobre as questões abordadas no debate.

Atividade 2

[1] Converse com seus colegas, familiares e amigos sobre os jogos e as brincadeiras dos quais eles participavam na infância.

[2] Pesquise também o assunto em artigos na internet, revistas e livros de educação, analisando as mudanças sobre a concepção do brincar na sala de aula.

Observe, então, os passos a seguir:

[A] Formar uma equipe com quatro pessoas.

[B] Em conjunto, discutir os principais aspectos observados na pesquisa.

[C] Com base na reflexão e na problematização, elaborar, em grupo, um plano de aula.

[D] Escolher um dos níveis da educação infantil (berçário, maternal ou pré-escolar).

[E] Escolher um tema para as brincadeiras apresentadas no capítulo (brincar espontâneo, brincar e a imagem corporal, brincar e a criatividade).

[F] Definir os objetivos a alcançar.

[G] Descrever a metodologia da aula, explicando claramente o espaço a ser utilizado, a organização do ambiente, os recursos (brinquedos, aparelhos de som, papéis, lápis etc.), as ações que propiciarão as interações entre professores, alunos e recursos, os jogos e as brincadeiras empregados e como será a avaliação da aula.

[H] Para a proposta de avaliação da aula, considerar a observação dos educandos durante as atividades lúdicas, suas relações emocionais, o conhecimento do corpo e a compreensão das relações sociais envolvidas nos jogos. Assim, visando à avaliação diagnóstica, pode-se propor aos alunos a elaboração de novas formas de brincar, a produção coletiva de textos, a produção de desenhos e novas formas de exploração dos materiais.

[I] Registrar por escrito (individualmente) as ideias e as dúvidas sobre a tarefa. A equipe deve definir em conjunto os pontos que cada um vai pesquisar e dividir as tarefas.

[J] Estabelecer um horário para se reunirem e apresentarem os resultados da pesquisa individual, quando também deve ser realizada a integração das tarefas.

[3] O plano de aula será aplicado se houver a permissão do professor da escola.

Nesta fase, é necessário:

[A] no dia previamente marcado, desenvolver o plano de aula conforme planejado. Lembre-se de registrar, por escrito, o relato da experiência;

[B] organizar uma conclusão em que o grupo estabeleça relações entre o processo de pesquisa, a elaboração do plano de aula, a realização da aula e os conteúdos estudados no terceiro capítulo.

[4] Apresentação:

A equipe deve:

[A] apresentar o trabalho às demais equipes;

[B] solicitar aos colegas que façam uma avaliação oral e por escrito do trabalho, indicando seus problemas e pontos positivos;

[C] recolher a avaliação;

[D] anexar a avaliação dos colegas ao texto que o relator do grupo vem construindo e juntar ao portfólio do grupo.

quatro...

O trabalho pedagógico na educação infantil

Neste capítulo, abordaremos metodologias e procedimentos sobre a prática do professor de educação infantil e a proposta pedagógica de creches e pré-escolas no que se refere à linguagem, ao pensamento lógico e matemático, às ciências, às artes e ao desenvolvimento físico, motor, social e afetivo. Essa reflexão deve considerar o planejamento de um currículo estimulante e dinamizador do processo de ensino e aprendizagem da criança de 0 a 5 anos. Para isso, o futuro professor deve considerar que durante sua prática vai se deparar com uma enorme diversidade cultural, que a criança irá aprender e se desenvolver no meio dessa diversidade e que isso tudo interferirá em seus interesses e suas necessidades, exigindo do professor constante atualização. Também se faz necessário ter clareza na definição de objetivos, na elaboração de recursos e na redefinição do planejamento. Nesse sentido, a proposta pedagógica deve considerar a criança como um ser histórico e social.

Dessa maneira, cabe à escola buscar formas de ensino que considerem a criticidade, a construção da cidadania, formando, assim, crianças com pensamento reflexivo e transformador da sua própria realidade social.

4.1 O PROCESSO DE DESENVOLVIMENTO E APRENDIZAGEM DAS CRIANÇAS NA EDUCAÇÃO INFANTIL

Antes de apresentarmos a prática pedagógica na educação infantil, é importante retomar algumas questões sobre esse processo complexo, que envolve relações entre o desenvolvimento e a aprendizagem infantil. Essa abordagem será feita à luz dos estudos de Bassedas, Huguet e Solé (1999).

Falar de desenvolvimento infantil nos primeiros anos de vida é observar o bebê desde seu nascimento. Como apontamos anteriormente – quando descrevemos características de desenvolvimento e sugestões de encaminhamentos pedagógicos –, as crianças muito pequenas necessitam de cuidados e atenção extremamente complexos, como alimentação, repouso e higiene. À medida que crescem, elas começam a se expressar por meio de choro e expressões motoras ainda mal-controladas, mas eficientes para dizer o que sentem, o que querem ou não. Assim, expressam alguns desejos e, através da linguagem oral e corporal, fazem suas solicitações.

Bassedas, Huguet e Solé (1999, p. 24) salientam os conceitos de Vygotsky ao abordarem as relações entre a aprendizagem e o desenvolvimento. A partir dos estudos vygotskyanos, as autoras destacam que:

> *A aprendizagem facilita e promove o desenvolvimento através da criação de 'zonas de desenvolvimento potencial' as quais definem a distância entre o nível atual de desenvolvimento, determinado pela capacidade de resolver independentemente um problema, e o nível de desenvolvimento potencial determinado através da resolução de um problema sob a orientação de uma pessoa adulta ou com a colaboração de um companheiro mais capaz.*

Ainda sobre o tema, as autoras apontam que, no processo dedicado ao cuidado dos pequenos, pais e professores têm um papel fundamental no auxílio às crianças.

Os futuros educadores precisam ficar atentos também à maneira como as crianças aprendem, quais são os aspectos fundamentais que envolvem o processo da aprendizagem. Nesse sentido, os educandos aprendem comportamentos, destrezas, desenvolvem hábitos e conhecimentos de maneiras muito diversas, a partir de suas próprias experiências e das relações que estabelecem com os estímulos que lhes são ofertados.

As autoras destacam que a experiência com objetos possibilita a exploração e experimentação em tempo integral e ocorre nos dois primeiros anos de vida. Essas experiências proporcionam às crianças um conhecimento de mundo que lhes permite atribuir significados às características dos objetos, como cor, forma, textura, e às relações que podem ser feitas entre eles e situações que envolvem movimento, observação, ação e pensamento. Também experiências com situações é foco das autoras, que apontam a importância das vivências cotidianas da criança, as quais lhes ajudam a identificar acontecimentos, a se imaginarem nessas situações e prever resultados de suas ações.

Nas palavras de Bassedas, Huguet e Solé (1999, p. 26): "Através de tais situações, a criança aprende a identificar os objetos que são previsíveis de encontrarem-se em determinados lugares, [...] a maneira como as coisas estão habitualmente situadas no espaço, [...] e também a sucessão temporal de terminadas situações".

Nesse sentido, por meio de experiências com objetos e situações, a criança percebe marcos significativos para a aprendizagem, pois essas possibilitam à criança que tome consciência de normas de conduta para a socialização.

4.2 AS ÁREAS DE DESENVOLVIMENTO: A FORMAÇÃO INTEGRAL DA CRIANÇA NA EDUCAÇÃO INFANTIL

A criança evolui conforme interage com o meio, explorando objetos, vivenciando ações de seu mundo, do mundo adulto e de todos os que estão envolvidos no seu cotidiano. Assim, a formação integral ocorre a partir do momento em que suas experiências possibilitam o desenvolvimento das áreas **motora, cognitiva e afetiva.**

Mas lembre-se sempre:

A divisão entre essas três áreas existe apenas para fins de estudo, pois o desenvolvimento é global e existe uma estreita ligação entre as áreas motora, cognitiva e afetiva.

A abordagem de Bassedas, Huguet e Solé (1999) servirá de apoio teórico para a apresentação conceitual de cada uma dessas áreas. É importante reforçar esses conceitos, embora provavelmente você já tenha noção ou conhecimento específico desse assunto. Isso porque existem muitos educadores, com muitos anos de experiência, que ainda não sabem exatamente do que estão falando quando utilizam esses termos. O educador que tiver amplo conhecimento da importância das áreas de desenvolvimento considera com maior clareza as características e necessidades de seus educandos no momento de planejamento.

- **Área motora**: engloba tudo o que se relaciona com a capacidade de movimento humano. Também faz parte dessa área a psicomotricidade, extremamente importante no processo de desenvolvimento e aprendizagem da criança.
- **Área cognitiva**: envolve as habilidades perceptivas que permitem a compreensão do mundo. Desde que nasce, a criança apresenta diferentes formas de interagir com o meio e de atuar nele. Isso ocorre através do uso da linguagem (verbal, corporal etc.) ou pela maneira como ela percebe e lida com problemas.
- **Área afetiva**: engloba os aspectos relacionais e destaca as vivências que enfatizam a possibilidade de se sentir bem consigo, as situações emocionais que necessitam de equilíbrio pessoal, como novas experiências, novas situações ou novas pessoas.

O relato a seguir expressa uma experiência bem-sucedida, com uma turma de maternal, e será analisada no decorrer do texto com o objetivo de mostrar a você como elaborar a proposta pedagógica para a educação infantil das áreas de desenvolvimento e conhecimentos.

Relatos da prática

A professora do maternal planejou um ambiente em sala de aula para as crianças explorarem o espaço, desenvolverem a lateralidade e a organização espacial. Eram dez horas da manhã e seus catorze alunos já haviam feito a primeira alimentação e a higiene antes de ela os levar até seu outro espaço. Logo que chegaram, olharam as escadas, o escorregador, os arcos e os móbiles. Inicialmente pararam e, em seguida, saíram em disparada em todas as direções. As crianças tinham entre 2 e 3 anos. Duas meninas subiram a escada e ficaram olhando lá de cima. Apesar de haver apenas cinco degraus de madeira, largos e com corrimãos ao lado, as meninas tiveram a sensação de irem bem alto, o que ampliou e modificou seu campo de visão.

Após alguns minutos de exploração do espaço, a lactarista do berçário trouxe um bebê que estava chorando. Era sua primeira semana e, por isso, ele ainda estava em processo de adaptação. Ela sentou com o bebê no chão e ele saiu engatinhando desajeitadamente, de acordo com seus 7 meses. Logo que chegou próximo a um biombo feito de uma caixa de papelão, colocou a mão em uma cortina de retalhos, abriu-a e, para sua surpresa, encontrou outra criança do maternal. Esta tinha uma bola na mão e a ofereceu ao bebê, derrubando-a no chão. Este a pegou, sacudiu-a e levou-a à boca. Deu um sorriso e saiu engatinhando.

Já há algumas décadas, um dos objetivos de levar as crianças às creches e pré-escolas é a socialização. Pensa-se que, ao interagir com outras crianças de idades próximas às suas, elas aos poucos descobrirão o mundo. E, de fato, as crianças interagem entre si por meio de diferentes linguagens e brincadeiras. Aos poucos desenvolvem sua imaginação e criatividade, o que desperta a curiosidade.

Nesse sentido, cabe a nós professores ofertar-lhes um ambiente rico e dinamizador no que diz respeito às interações. As crianças interagem entre si, com o adulto, com os objetos e com o meio. Assim, pequenas variações no espaço e na organização dos materiais dão um novo sentido ao trabalho pedagógico, condição que leva a criança a elaborar novas situações, problematizar, pesquisar, fazer de conta e, assim, descobrir novas possibilidades.

4.3 PRÁTICA E PROPOSTA PEDAGÓGICA NA EDUCAÇÃO INFANTIL

Historicamente, a trajetória educacional da infância vem demonstrando exaustivos esforços na busca pela qualidade do trabalho pedagógico. Nesse sentido, professores, entidades e iniciativas pública e privada colocam em prática o que é refletido a partir das discussões que movimentam o cenário pedagógico infantil. A renovação nesse nível de ensino também encontra apoio em projetos bem elaborados, os quais buscam unir atividades pedagógicas aos cuidados de crianças de 0 a 5 anos. É o que justifica o Parecer CNE/CEB nº 4/2000:

> "*A proposta pedagógica, base indispensável que orienta as práticas de cuidado e educação das instituições de Educação Infantil e a relação com suas famílias, deve ser concebida, desenvolvida e avaliada pela equipe docente, respeitando os princípios éticos, políticos e estéticos referidos nas Diretrizes Curriculares Nacionais para a Educação Infantil e as normas do respectivo sistema, em articulação com a comunidade institucional e local. Tal proposta, em suas práticas de educação e cuidado, deve integrar aspectos físicos, afetivos, cognitivos, sociais e culturais das crianças, respeitar a expressão e as competências infantis, garantindo a identidade, a autonomia e a cidadania da criança em desenvolvimento.*

Sabemos, no entanto, que, para a concretização dessa proposta, a educação infantil percorreu um longo caminho, com reflexões sobre a sua prática e ampliação do seu universo teórico. Nessa perspectiva, autores ligados à educação infantil fizeram transcorrer um processo de transformações nas áreas sociais, políticas e educacionais. Portanto, a **nova** educação infantil existe há mais de uma década e sua consistência no âmbito pedagógico aconteceu quando o MEC lançou o RCNEI.

De acordo com o Parecer CNE/CEB nº 2, de 29 de janeiro de 1999a:

> *Seu caráter [do RCNEI] não mandatório reforça a função de assessoria e apoio exercida pelo MEC, no âmbito de uma política nacional de educação, que visa à melhoria e à qualidade no encaminhamento dos problemas ainda presentes no cuidado e educação para as crianças de 0 a 6 anos e suas famílias.*

O RCNEI acaba suprindo a necessidade de materiais que sugeriram conteúdos para serem abordados com as crianças de 0 a 5 anos. Porém, quando o documento foi criado, antes da reforma do ensino fundamental, teve como objetivo apoiar os projetos pedagógicos para crianças de 0 a 6 anos. É o que podemos ver no Parecer CNE/CEB nº 2/1999a:

> *Deste modo, o "Referencial Curricular Nacional para a Educação Infantil" reflete um modo pelo qual a União exerce o disposto no art. 9º III da LDB, integrando-se ao grande esforço nacional em prol da Educação e Cuidado para as crianças brasileiras de 0 a 6 anos e suas famílias, que são também objeto das Diretrizes Curriculares Nacionais para a Educação Infantil, de caráter mandatório para os sistemas educacionais.*

Atualmente, a prática pedagógica desenvolvida na educação infantil visa estimular a autonomia na busca de soluções de problemas. Nessa perspectiva, dar à criança liberdade para explorar seu espaço é enriquecedor. Os conteúdos são significativos na sua forma de trabalho, sendo comum "aulas-passeio", em que são explorados os recursos da própria região onde os pequenos vivem. Os professores, ao disponibilizarem e contextualizarem a cultura e a história nas quais as crianças estão inseridas, ampliam e valorizam aspectos sociais, políticos e educacionais e promovem a formação de cidadãos.

Bassedas, Huguet e Solé (1999), em seus estudos a partir da realidade da Espanha, também apontam a trajetória da educação infantil e, nesse sentido, seus comentários sobre o currículo dessa etapa educacional são um referencial para a formação dos professores. As autoras destacam que, pelo caráter não obrigatório da educação infantil, por muito tempo houve – e ainda há – uma grande resistência no que diz respeito à elaboração de um currículo para essa etapa. Porém, justificando a sua importância, partem do princípio de que a escola deve ser um lugar onde as crianças se sintam bem, um ambiente agradável de convicência, pois isso auxilia no desenvolvimento delas.

As mesmas autoras conceituam o currículo tanto para a creche quanto para a pré-escola e, partindo do objetivo de integrar as crianças da comunidade à cultura do grupo, apontam que "a escola é um dos instrumentos que a sociedade possui para transmitir os conhecimentos, o legado cultural de uma geração à outra." (Bassedas; Huguet; Solé, 1999, p. 56). A favor de um desenvolvimento integral das crianças na educação infantil, Bassedas, Huguet e Solé destacam, também, o papel relevante que a escola tem no desenvolvimento pessoal dos educandos, o que descrevem abordando uma concepção que vai ao encontro dos conceitos de educação no Brasil. Em suas palavras: "A escola também precisa favorecer um desenvolvimento pessoal do aluno que lhe permita participar e atuar de maneira crítica em relação aos saberes culturalmente organizados, com o qual colabora desenvolvê-los e adequá-los para as gerações posteriores" (p. 56).

Nesse sentido, as autoras definem currículo como "um conjunto de saberes culturais" (p. 56) e destacam que eles foram referendados por especialistas da educação e por responsáveis políticos das sociedades democratas. Esse conceito leva ao conhecimento de como é elaborado um currículo para a educação básica, seja a educação infantil, o ensino fundamental ou o ensino médio.

Grande parte de educadores, em diferentes regiões do país, pensam que os conteúdos ensinados nas escolas são "prontos" e predefinidos, obedecendo uma hierarquia que, no Brasil, seria estabelecida pelo MEC, passando por outras instâncias até chegar à escola. No entanto, sabemos que os estudiosos da educação não produzem qualquer conhecimento sem pesquisa e, com isso, procuram atender às necessidades das diversas realidades do seu país. **O educador também é um pesquisador, embora muitas vezes não tenha consciência disso.** Quando se preocupa com uma criança, um grupo delas que apresenta dificuldades de aprendizagem ou interesse por algum tema, o educador logo se põe a pesquisar o que ensinar, como e quando fazê-lo. Dessa forma, coloca em prática um currículo que, apesar de apresentar conteúdos específicos para cada modalidade, também é flexível, já que a escola elabora suas ações pedagógicas de forma que estas sejam voltadas aos interesses e necessidades das crianças.

Nessa perspectiva, Bassedas, Huguet e Solé (1999) apresentam alguns aspectos sobre **o que** ensinar na educação infantil. Entre eles, destacam: os "saberes fundamentais", que constituem as informações e experiências socialmente valorizadas; os elementos que promovem o desenvolvimento dos educandos nos aspectos da autonomia e autocuidado; além de conteúdos específicos para cada modalidade (creche e pré-escola) que, por sua vez, requerem auxílio específico por parte dos professores, como entender o sentido da aprendizagem da língua, dos cálculos matemáticos para a resolução de problemas etc.

Bassedas, Huguet e Solé (1999, p. 61) abordam que "os conteúdos ordenam-se e organizam-se em torno das áreas curriculares que, na educação infantil, são âmbitos de experiência muito próxima da criança" e destacam, ainda, "a descoberta de si mesma, a descoberta do mundo social e natural e a intercomunicação e as linguagens".

Para as autoras, esses são os conceitos que a criança precisa aprender.

Atualmente, apesar de muitos educadores envolvidos com a educação infantil se sentirem um tanto despreparados e com falta de apoio, já se percebe um grande avanço no processo de aperfeiçoamento das práxis pedagógicas nas creches e pré-escolas. Entre elas, está a implementação das DCNEI. Esta Lei, em vigor desde 1996, prevê que as propostas pedagógicas levem em conta a realidade das crianças e de suas famílias, o que torna a ação educativa um desafio para os educadores.

Pare e pense

Mas como integrar a família e a escola?

Saiba que a educação vem buscando soluções para essa problemática há muito tempo, procurando desenvolver projetos voltados à integração entre educar e cuidar. Veremos mais a respeito no item subsequente.

4.4 COMO ENSINAR NA EDUCAÇÃO INFANTIL?

Em seus planejamentos, você pode aproveitar o interesse das crianças por animais, tema que desperta a curiosidade infantil, e criar jogos para explorar e fixar informações sobre os bichos. Passeios contribuem para tornar mais significativas essas práticas, por isso, visitar zoológicos e feiras de animais e elaborar jogos a respeito são grandes incentivos na construção de conceitos e possibilidades de relações entre os conteúdos e sua sistematização em saula de aula.

O auxílio da família é importante para mobilizar os pequenos à pesquisa, por isso, para a montagem dos jogos, você pode contar com os pais no envio de figuras e curiosidades sobre os animais. As crianças começam a contar em casa o que estão aprendendo e a fazer perguntas sobre o assunto. Essa interação fortalece os laços afetivos entre a criança e a família, integra os pais à escola e, ao mesmo tempo, mostra que o ensino proposto na creche e na pré-escola é tão importante quanto os cuidados com a higiene e a alimentação.

> A pesquisa propicia alunos autônomos e convida a família a ajudar.

Nesse sentido, Portella e Franceschini (2008, p. 37) apontam que "o sucesso ou insucesso dos outros inumeráveis papéis que vamos exercer ao longo de nossa história (aluno, profissional, por exemplo) dependerão, em grande parte, do sucesso ou do insucesso de nossas relações dentro do sistema familiar".

Pare e pense

Como você imagina o ensino de crianças pequenas? Por meio de atividades prontas e estereotipadas, que formem crianças para se integrarem à sociedade sem nenhum tipo de reflexão, ou envolvendo atividades ricas, prazerosas, e que tornem as crianças parte do processo de construção de conhecimento?

Atualmente, muitos autores defendem a prática lúdica no processo de ensino e aprendizagem na educação infantil. Nessa perspectiva, Kishimoto (1997) aponta que a brincadeira na educação infantil esteve presente no Brasil desde o final do século XIX, mas que foi perdendo a força quando, na década de 1970, passou-se a delegar para esse nível de ensino a responsabilidade de intervir na educação, com o objetivo de evitar o fracasso na alfabetização.

Bassedas, Huguet e Solé (1999, p. 63) apontam que o currículo para a educação infantil, "na sua função orientadora, informa os critérios gerais que devem ser contemplados nas práticas educativas mais favoráveis à aprendizagem referente a cada idade. Trata-se basicamente dos aspectos metodológicos".

As autoras descrevem os aspectos mais específicos do currículo e que podem ser considerados na prática educativa. Um dos elementos fundamentais apontados é a relação entre o professor e as crianças, cujo ápice é o afeto que existe entre ambos. É importante que o professor aproveite todas as situações em que ocorrem interações para mediar a busca de novos caminhos, problematizar e elaborar novas resoluções. Para tanto, o ambiente deve ser rico, facilitador e possibilitar situações em que a criança possa experimentar, explorar, manipular e observar. Para que isso ocorra com qualidade, é preciso que o professor também se preocupe com as ferramentas utilizadas.

> Ao professor cabe "facilitar as ferramentas para conhecer a realidade e para ajudar a fazer uma memorização abrangente dos aspectos que vivenciam na escola" (Bassedas; Huguet; Solé, 1999, p. 64).

A relação com a família também é abordada pelas autoras, que consideram a colaboração entre a casa e a escola como um elemento fundamental para auxiliar o desenvolvimento da criança. A escola deve desenvolver e ofertar, portanto, diversos canais de comunicação para haver troca e reflexão sobre o processo de desenvolvimento e aprendizagem do educando.

Ao encontro dessa proposta, Portella e Franceschini (2008, p. 50) destacam que a criança, desde pequena, percebe suas diferenças em relação ao adulto e, assim, "nota que o adulto tem habilidades que ela, criança, não tem ainda. A aquisição de habilidades passa a ser, assim, perseguida na infância, na tentativa de ir desvendando os mistérios dos adultos". As autoras destacam ainda que, para a criança, saber é ter habilidades e aprender a fazer.

Voltando à questão curricular, Bassedas, Huguet e Solé (1999), baseadas na ordenação do sistema educativo orientado pelo Parlamento Espanhol – a Lei Orgânica de Ordenação Geral do Sistema Educacional (Logse), de 1990 –, propõem três áreas curriculares:

› **Descoberta de si mesmo:** é o autoconhecimento e a autoimagem que as crianças podem desenvolver como recursos para a autonomia. Nesse processo estão inseridos o conhecimento corporal, a diferenciação do outro, o corpo em movimento e a relação do sujeito com a sociedade.

- **Descoberta do meio natural e social:** refere-se ao conhecimento da criança em relação ao próprio meio e à realidade física e social. Aqui estão inseridos os vínculos afetivos e a representação de mundo. É estimulada a ampliação progressiva da experiência infantil, do fazer.

- **Intercomunicação e linguagem:** as formas de comunicação possibilitam a interação do sujeito com o meio, o que, desde o início, é convertido no conhecimento de si próprio, da relação entre os pares e da realidade. Nessa área estão contempladas as formas de representação do sujeito: linguagens oral, escrita, matemática, musical, pictórica e corporal.

Incentivar a prática lúdica como recurso pedagógico é entender que a brincadeira, embora considerada livre e espontânea, é uma criação da cultura. **O brincar desenvolve imaginação, atenção, concentração e discriminação visual e auditiva, habilidades fundamentais para o desenvolvimento e a aprendizagem infantil.** Assim, seja qual for a metodologia adotada na educação infantil, é fundamental que ela não perca de vista a ludicidade.

Pare e pense

Se a brincadeira é tão importante assim,
é possível ensinar brincando!
Mas o que propor?
Quais seriam os brinquedos mais adequados
para crianças de creche ou de pré-escola?

As práticas sugeridas a partir das propostas pedagógicas das creches e das pré-escolas podem envolver conteúdos que ajudem no desenvolvimento da linguagem, do pensamento lógico e matemático, das áreas de ciências e de artes e também no desenvolvimento físico, motor, social e afetivo.

Bassedas, Huguet e Solé (1999, p. 114) entendem o planejamento "como uma ajuda ao pensamento estratégico do professor, sendo um recurso inteligente por meio do qual ele pode elaborar suas aulas". As autoras apontam a **flexibilidade do planejamento**, já que a sua concretização ocorre na tomada de decisões em relação às necessidades e interações dos educandos.

Conhecer seus alunos é importante. E planejar, também.
Assim, apresentamos uma equação:
conhecimento da realidade + planejamento = ação pedagógica do professor.

Foi o que aprendemos enfrentando diferentes realidades da educação, com a prática em diversos contextos que envolveram creches, pré-escolas, cursos de formação de professores, capacitações, graduação e pós-graduação. A legitimidade dessas práticas é resultado de mais de uma década de elaboração e desenvolvimento de planejamentos e projetos pedagógicos na educação infantil, os quais, muitas vezes, foram questionados, havendo a necessidade de reformulação até mesmo no momento da intervenção.

Os momentos que intermediaram essa construção, que podemos chamar de *construção do conhecimento pedagógico sobre a educação infantil*, foram de visitas e observações sistemáticas de estudos de diferentes áreas de conhecimento, como direito, filosofia, psicologia, sociologia e pedagogia. Houve pesquisa de atividades, jogos, brincadeiras, músicas, enfim, recursos que eram simulados, testados e adaptados para cada grupo de crianças com que iríamos atuar, além do conhecimento de diferentes propostas pedagógicas, com concepções distintas umas das outras. Assim, quando apontamos a elaboração do planejamento como um dos momentos decisivos na atuação do professor de educação infantil, referimo-nos a todo um universo educacional inserido na prática pedagógica em creches e em pré-escolas.

Portanto, tudo que apontamos como parte da construção do conhecimento do professor de educação infantil precisa ser estudado, discutido e refletido com uma grande equipe, a equipe de colegas.

Pare e pense

Já pensou em formar uma grande equipe? Estude e discuta com seus pares, colegas de graduação, de trabalho, crianças, enfim, todos que estiverem envolvidos na sua formação.

A experiência adivinda da aplicação do planejamento é importante para a elaboração de novas propostas pedagógicas e novos planejamentos, pois é a partir de resultados anteriores que ocorre a reflexão sobre as concepções estudadas e adotadas. **Por isso, o professor precisa estudar, ler e interpretar as teorias contextualizando-as em sua realidade educacional, pois elas existem para serem refletidas, questionadas, e estão sempre em processo de transformação, assim como o contexto histórico-social das crianças.** Leituras complementares também formam o rol de informações necessárias à ação pedagógica do professor. Procure participar de palestras e cursos de capacitação e assinar revistas que abordem temas relacionados a infância, sociedade, história, arte, psicologia etc.

Bassedas, Huguet e Solé (1999) apontam os benefícios do planejamento baseado em decisões refletidas e fundamentadas, pois isso esclarece o sentido daquilo que o professor deseja ensinar e também do que aprende. O planejamento adequado permite que o professor leve em consideração os conhecimentos prévios e as potencialidades dos educandos, descrevendo e esclarecendo as atividades que se pretende desenvolver. Além disso, prevê os recursos necessários, possibilita a organização do tempo e do espaço e auxilia na observação para uma avaliação diagnóstica.

Atenção!!!

A continuação deste nosso estudo acontecerá em forma de orientações e sugestões metodológicas para a educação infantil, por meio de uma gama de possibilidades pedagógicas. Fique atento, pois, embora estejam divididas em práticas para creche e para pré-escola, as atividades podem ser reelaboradas e adaptadas de acordo com o nível de desenvolvimento, necessidades e interesses de seus alunos.

Entre as etapas da educação infantil, uma com a qual nos identificamos muito é o **berçário**. Consideramos este um período fundamental para o desenvolvimento e a aprendizagem do ser humano, por ser o momento das primeiras interações que a criança faz, sob estímulos sistematizados em forma de conteúdos, recursos, metodologias que envolvem o movimento, as linguagens, enfim, a leitura do mundo que cerca o bebê.

O berçário é um espaço afetivo na educação infantil e trabalhar nesse nível de ensino requer toda a atenção do educador para as questões de integração das áreas de desenvolvimento e aprendizagem dos bebês. As crianças chegam a partir dos 4 meses de idade e já têm de lidar com uma ruptura com os laços que desenvolveram com a mãe ou o adulto que delas cuidava. Por essa razão, o profissional deve considerar que esse pequeno ser humano precisa de muita atenção.

Antes de pensar nas atividades a serem realizadas, questões cotidianas, como troca de fraldas, alimentação, repouso, interações com os objetos e com outras crianças, devem ser feitas com afeto e carinho, o que não significa que você precisa estar o tempo todo com a criança no colo. Durante os anos em que nos dedicamos ao estudo da educação infantil, sempre fizemos questão de dizer aos professores em formação que o afeto não está apenas no contato físico, mas também nos momentos em que o professor estuda como o bebê nasce, cresce, desenvolve-se e aprende. **Aprende? Sim, a criança aprende desde bebê!**, mas não da mesma maneira que as crianças maiores. A aprendizagem nessa fase está muito ligada aos aspectos sensoriais. Assim, o olhar, a maneira de falar, o tom de voz, o ambiente, a temperatura e os objetos que são oferecidos aos bebês possibilitam amplo desenvolvimento afetivo.

Estimular os pequenos pode resultar em repulsa, medo, ansiedade, ou, ao contrário, suscitar neles o desejo de aprender. Um exemplo disso é a troca de fraldas, a higiene ou o momento de levar a criança pela primeira vez ao vaso sanitário. Para os pequenos, as fezes fazem parte de seu corpo, por isso devemos evitar brincadeiras e expressões que mostrem repulsa, pois a criança pode entender que as palavras são para ela.

Muitas atividades no berçário podem partir de brincadeiras de imitação das ações do adulto, pois o bebê já observa e reproduz os gestos e caretas das pessoas à sua volta. Nesse sentido, o professor pode ajudá-lo a explorar sons e movimentos dos brinquedos e dos objetos utilizados nas atividades.

Com o objetivo de estimular os sentidos, o educador pode distribuir às crianças potes vazios (de margarina, cosméticos, *ketchup*, iogurte, maionese, xampu etc.), todos bem lavados e esterilizados. Inicialmente, é preciso deixar as crianças explorarem o material livremente, para que aprimorem e transformem seus esquemas de agarrar, soltar, rasgar, amassar, sacudir, derrubar etc.

As brincadeiras poderão incluir jogos nos quais as crianças se utilizam de diferentes órgãos dos sentidos, como engatinhar ou caminhar descalças sobre uma linha traçada com fita adesiva no chão ou sobre uma corda estendida. O professor pode, também, estimular os pequenos a pesquisar e reconhecer características particulares da sala – subdivisões, colunas, cantos, buracos, manchas –, e também dos sons, propiciando momentos de escuta e estimulando o silêncio por alguns instantes. Nesse momento, é importante registrar e nomear os sons que as crianças ouvem. Instrumentos musicais como tambores podem ajudar na atividade.

Também os brinquedos com peças para montar, encaixar, jogar e empilhar são adequados a essa faixa etária. Ressaltamos que, para segurança de todos, os brinquedos oferecidos aos pequenos devem ser sempre maiores do que o tamanho da boca deles aberta. Nessa fase da vida, a brincadeira é uma atividade paralela ao aprendizado, assim, o ideal é que o material seja suficiente para que todos possam compartilhar as ações e as interações lúdicas.

Os clássicos da literatura também são recursos indispensáveis para o trabalho na educação infantil e podem servir de base para projetos pedagógicos. Histórias como *Os três porquinhos* ou *Chapeuzinho vermelho* podem ser contadas e encenadas na forma de teatro de fantoches. Após a contação de histórias, o professor pode ajudar as crianças na construção de máscaras e na confecção de cenários e fantasias para os personagens, explorando cores, formas, texturas, tamanhos e diversos materiais, o que desenvolve a criatividade e o senso crítico das crianças.

4.5 A BRINCADEIRA: O TEMPO E O ESPAÇO DA CRIANÇA

O brincar, direito das crianças, pode ser propiciado com a oferta de fantoches, fantasias e outros recursos que façam parte de cenários de histórias infantis. Os brinquedos de madeira, plástico, tecido e espuma devem fazer parte dos recursos utilizados pelas crianças, assim como materiais alternativos, como caixas de papelão de diferentes tamanhos, usados em jogos de construção, por exemplo.

Diversos materiais podem ser organizados em sala de aula visando à brincadeira, como descreve o relato a seguir:

Relatos da prática

Na turma de pré-escola, a professora organizou a sala de aula de maneira que as crianças pudessem explorar o espaço. Logo na entrada, colocou uma corda, presa horizontalmente, com um sino pendurado. Dentro da sala fez um caminho utilizando um túnel (ou minhocão), feito com cinco bambolês plásticos e tecido, de 2,5 metros de comprimento. Ao final do túnel estavam dispostos quatro arcos no chão, um após o outro, formando uma trilha, que teminava em um grande tecido azul e macio, estendido sobre um colchonete. Depois do tecido havia três caixas de papelão, grandes o suficiente para entrar uma criança em cada, dispostas uma ao lado da outra, e, na frente delas, brinquedos de encaixe.

De acordo com Forneiro, citado por Zabalza (1998), o que explica a organização dos materiais é sua disposição no espaço físico, objetivando estimular a percepção de quem os vê e a interação desse com o meio.

Nessa perspectiva, Horn (2004) destaca que a forma como o professor organiza o espaço, dispondo jogos e materiais, às vezes de forma empobrecida, não possibilita o desafio cognitivo às crianças, o que impede o estímulo de interações e a construção do conhecimento.

Pare e pense

Como superar a visão de espaço físico, transformando-o em espaço vivido?

Professora Ana
...Mas eu planejei tudo direitinho, pesquisei, preparei os recursos!
Professor José
Isso já aconteceu comigo também!

Ilustração: André Figueiredo Mueller

Organizar um espaço rico é um desafio pedagógico para o professor

Essa cena retrata possíveis aspectos falhos na organização do trabalho pedagógico, os quais podem acontecer não só na educação infantil, mas em qualquer nível de ensino. Com certeza já aconteceu conosco, com você e com muitos outros professores.

A organização do espaço é um dos elementos da prática pedagógica que favorece a relação ensino-aprendizagem. O professor deve estar atento a esse aspecto, favorecendo interações espaciais e afetivas na realização de seu planejamento com a educação infantil.

Nessa perspectiva, Horn (2004, p. 61) destaca que "as escolas de educação infantil têm na organização dos ambientes uma parte importante de sua proposta pedagógica. Ela traduz as concepções de criança, de educação e de ensino e aprendizagem, bem como uma visão de mundo e de ser humano do educador que atua nesse cenário".

O espaço disponibilizado deve ser ventilado, limpo, claro e amplo. Quanto mais a criança tiver oportunidade de explorar espaços abertos, melhor será seu desenvolvimento. O professor, sempre que puder, deve optar por áreas ao ar livre, com árvores e areia, porque um ambiente rico e convidativo propicia momentos criativos e prazerosos aos pequenos.

Essa perspectiva está pautada no Parecer CNE/CEB nº 4/2000, que diz:

Espaços Físicos e Recursos Materiais para a Educação Infantil

Os espaços físicos das instituições de educação infantil deverão ser coerentes com sua proposta pedagógica, em consonância com as Diretrizes Curriculares Nacionais, e com as normas prescritas pela legislação pertinente, referentes a: localização, acesso, segurança, meio ambiente, salubridade, saneamento, higiene, tamanho, luminosidade, ventilação e temperatura, de acordo com a diversidade climática regional.

As normas devem prever ainda o número de professores por criança, dependendo de sua faixa etária, entre 0 e 6 anos de idade, em consonância com Art. 25 da LDB/96.

Os espaços internos e externos deverão atender às diferentes funções da instituição de educação infantil, contemplando:

Ventilação, temperatura, iluminação, tamanho suficiente, mobiliário e equipamento adequados;

Instalações e equipamentos para o preparo de alimentos que atendam às exigências de nutrição, saúde, higiene e segurança, nos casos de oferecimento de refeição;

Instalações sanitárias suficientes e próprias para uso exclusivo das crianças;

Local para repouso individual pelo menos para crianças com até 1 ano de idade, área livre para movimentação das crianças, locais para amamentação e higienização e espaço para tomar sol e brincadeiras ao ar livre;

Brinquedos e materiais pedagógicos para espaços externos e internos dispostos de modo a garantir a segurança e autonomia da criança e como suporte de outras ações intencionais;

Recursos materiais adequados às diferentes faixas etárias, à quantidade de crianças atendendo aspectos de segurança, higienização, manutenção e conservação.

Fonte: Brasil, 2000a.

Organizar o ambiente do trabalho pedagógico deixa a aula mais produtiva, com objetivos claros e recursos adequados ao desenvolvimento do conteúdo.

Ao encontro dessa proposta, destacamos as palavras de Zabalza (1998, p. 233):

> *O termo "ambiente" é procedente do latim e faz referência ao que cerca ou envolve. Também pode ter a acepção de circunstâncias que cercam as pessoas ou as coisas. De um modo mais amplo, poderíamos definir o ambiente como um todo indissociável de objetos, odores, formas, cores, sons e pessoas que habitam e se relacionam dentro de uma estrutura física determinada que contém tudo e que, ao mesmo tempo, é contida por todos esses elementos que pulsam dentro dele como se tivessem vida.*

Para o autor, a preocupação com o ambiente enfoca quatro dimensões que, mesmo distintas, relacionam-se.

A primeira **dimensão** é a **física**, que Zabalza (1998) define como o aspecto material do ambiente, a estrutura da escola, da sala, o mobiliário e os materiais que são dispostos dentro do espaço escolar.

A **dimensão funcional**, abordada pelo autor, refere-se à maneira como o professor utiliza um espaço, como ele pensa na autonomia das crianças e assim dispõe os objetos. Como exemplo, o canto da contação de histórias e seus recursos podem dar suporte a uma aula de teatro, de conversa sobre assuntos cotidianos etc.

Quando o professor organiza a rotina, com seu planejamento, prevê um tempo determinado para as atividades lúdicas, para a higiene, para a alimentação etc. Essa ação se constitui na **dimensão temporal** do ambiente que, tão importante quanto as outras, auxilia na percepção do ritmo da turma como um todo e de cada aluno. Se o professor sabe que na hora da atividade de escrita ou de desenho algumas crianças procuram terminar rapidamente, precisa prever como elas poderão interagir com os colegas de forma construtiva. Nessa perspectiva, os cantos pedagógicos têm a função de ampliar e dinamizar o estudo sobre os conteúdos. Se forem trabalhados aspectos do meio ambiente com os alunos, o canto da leitura pode oferecer um jogo da memória, com diferentes ecossistemas e suas relações com a sociedade, ou um livro que conta a história da Amazônia ou dos principais rios do país, por exemplo, para que as crianças percebam como o assunto faz parte do cotidiano.

A organização do mobiliário na sala de aula – carteiras e cadeiras, armários, local destinado aos jogos – deve ser pensada numa **dimensão relacional**, o que significa que o professor planeja interações entre as crianças e entre elas e os objetos, verificando como cada uma participa e faz parte do grupo de alunos e de tudo o que compõe o espaço. Essa dimensão demonstra claramente a concepção de educação que cada professor desenvolve; ao vermos o espaço organizado por ele, percebemos como é sua postura durante a prática pedagógica.

O espaço, portanto, como vimos até aqui, é um elemento importante na ação pedagógica, mas ele não pode ser considerado apenas pelo professor, e sim por todos aqueles que fazem parte do cotidiano da escola.

Ao acompanhar estágios em instituições de educação infantil, muitas vezes observamos que os profissionais tinham receio de usar materiais como tinta, realizar atividades de recorte e colagem ou brincar com argila dentro de sala.

As justificativas apresentadas eram sempre as mesmas: "As funcionárias da limpeza não gostam desses materiais, pois sujam a sala" ou "As funcionárias da limpeza já terminaram o expediente, por isso não poderemos usar esses materiais hoje". Refletir sobre essa questão é fundamental para uma ação pedagógica construtiva, que considera a criança um sujeito ativo no processo de construção do conhecimento. Tal questão nos faz pensar sobre os hábitos que, como adultos, possuímos, e que pretendemos passar aos nossos alunos. **Ensinar a criança a cuidar do ambiente de que faz parte é um exercício de cidadania, proporciona autonomia e independência.** É por excelência um bom momento para valorizar o meio ambiente, que, além da natureza, é o espaço que nos cerca.

Pare e pense

Assim, que tal brincarmos muito e depois deixar tudo limpo e organizado? Além de facilitar o trabalho de quem faz a limpeza da escola, organizar os materiais, recolher o lixo, apagar a luz, fechar a porta, faz-nos sentir úteis. Quem cuida de si, cuida do ambiente, do outro e da natureza. É um gesto de afeto.

Porém, **pensar no espaço só da sala de aula é pouco.** Uma escola de educação infantil possui muitos espaços. Há uma sala dedicada à pré-escola, outra para o maternal e uma específica para o berçário. Há também um lactário, que é onde se preparam as mamadeiras e outras pequenas refeições, além do banheiro para o banho, a higiene e a troca de fraldas. Estes devem ter vasos sanitários, pias, lixeiras, portas e divisórias que facilitem o acesso dos pequenos. Lá tudo deve ser adaptado e adequado ao tamanho das crianças. Uma escola precisa também de um pátio com grama, areia, uma parte revestida com um piso que não seja escorregadio e de fácil limpeza, um parque, árvores e plantas. Um cantinho para fazer uma horta é um ótimo estímulo para a alimentação saudável.

Além disso, é necessário uma sala para os professores planejarem o trabalho, um local para assistir a filmes e desenhos, um *hall* de entrada, próximo à sala da direção e coordenação pedagógica, e, claro, a cozinha e o refeitório, o qual deve ser um local arejado, muito limpo, com materiais adequados e que facilitem o manuseio de panelas e utensílios.

4.6 A CRIANÇA E A AUTONOMIA

A ação pedagógica do professor pode envolver as atividades rotineiras, como o almoço. Isso inclui servir os alimentos sem misturá-los, para que as crianças sintam o sabor de cada um e identifiquem suas preferências e oferecer colheres para que elas comam sozinhas. Os pequenos aprendem na observação das atitudes dos outros, pois o desenvolvimento da autonomia caminha junto à formação da identidade. Assim, **a criança precisa ser chamada pelo nome**, ter acesso a espelhos, encontrar facilmente seus objetos pessoais, o que contribuirá na percepção de suas características individuais. Nos locais em que são penduradas as mochilas, pode-se colocar fotos e nomes das crianças, para que relacionem seus objetos à sua própria imagem. Na creche e na pré-escola, existem materiais comuns a todos, como caixas de lápis, brinquedos, livros, mas também os de uso pessoal e individual, como os produtos de higiene, pastas de atividades etc. Identificá-los com nome e um desenho escolhido pela própria criança a ajudará a se situar em relação a essas diferenças e contribuirá para a formação de sua identidade.

O autoconhecimento desenvolvido ao longo da infância garante à criança que se sinta mais segura ao ocupar seu lugar nesse espaço que, além de físico, é social e afetivo.

O movimento como forma de expressão é um aliado no desenvolvimento das linguagens simbólicas. Ao participar de brincadeiras individuais e em grupo, as crianças criam e recriam regras, exploram espaços, e essas ações ampliam o seu desenvolvimento motor e cognitivo.

> Nesse sentido, a arte, no currículo da educação infantil, tem um papel articulador, pois estimula as crianças a identificarem os recursos artísticos como forma de expressão criativa. Para Schiller e Rossano (2008, p. 19), "o uso de materiais de maneira que os limites sejam determinados apenas pelos meios artísticos fornecidos e pela imaginação da criança possibilita que elas expressem a sua percepção única do mundo".

Assim, a construção do conhecimento na educação infantil deve considerar o desenvolvimento integral das potencialidades das crianças, permitindo que interajam e se relacionem tal como são, expressando suas características de comportamento com atitudes colaborativas entre pares. Bassedas, Huguet e Solé (1999, p. 43) destacam a importância do equilíbrio pessoal e da capacidade das crianças de se relacionarem, apontando que "o substrato que possibilita um bom desenvolvimento psicomotor, cognitivo e linguístico é a progressiva construção da identidade pessoal (a personalidade) juntamente com as capacidades de relacionar-se e comunicar-se com outras pessoas".

Contudo, é bom lembrar que o ser humano constrói sua identidade durante toda a sua vida. As experiências e as vivências do cotidiano são relevantes e, aos poucos, ajudam a definir a identidade em diversas situações. As mesmas autoras abordam, também, que "é importante entender que o eu e a personalidade infantil não são uma entidade que a criança tem incorporada ao nascer e que depois vai mostrar na relação com outras pessoas e, nessa interação, vai sendo interiorizada" (p. 43). Nesse sentido, o meio, através das interações entre as pessoas, é um fator relevante no desenvolvimento pessoal da criança e de suas potencialidades.

A construção da identidade, nessa perspectiva, passa por uma enorme possibilidade de ações pedagógicas que o professor pode desenvolver com os pequenos desde os primeiros anos. A seguir, descreveremos uma atividade que pode contribuir no desenvolvimento pessoal dos bebês.

Álbum do bebê

Confeccionar um álbum com figuras de objetos que fazem parte do cotidiano dos pequenos, como mamadeira, pente, escova de dente, roupas, travesseiro etc.

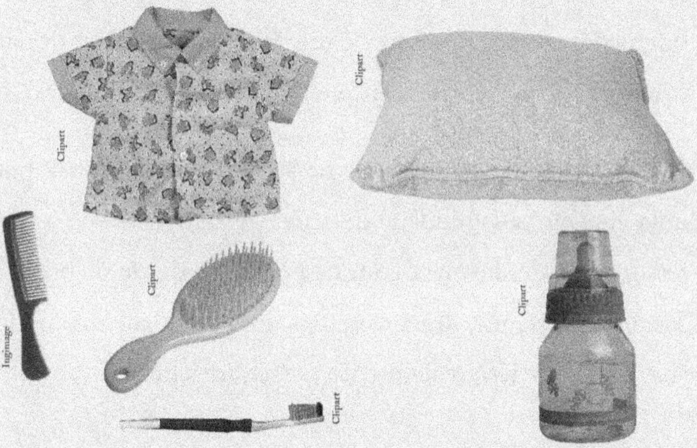

Os materiais utilizados serão cartolinas de cores claras – branca ou amarela –, recortes de revistas com figuras de mamadeira, prato, fotos de bebês de diferentes etnias, roupa, brinquedo e objetos de higiene pessoal, entre outros que você considerar conveniente.

No maternal ou no pré, o professor pode classificar as figuras recortadas em algumas categorias como figura humana, produtos de higiene, alimentação, brinquedos etc. Logo após, em meia folha de cartolina, fazer margem e escrever com letra maiúscula a categoria estabelecida. Em seguida, colar as figuras de acordo com a classificação feita.

O professor pode utilizar esse material como recurso para trabalhar os conteúdos referidos nas categorias.

Após a exploração com as crianças maiores, tudo será transformado em um álbum, prendendo as folhas pela margem esquerda. Utilize esse álbum para estimular a oralidade com os bebês, nomeando os objetos, as cores, as formas. É importante, nesse momento, que o professor escute as expressões orais, balbucios e observe as expressões faciais de seus alunos. As crianças podem ficar sobre um tapete grande na sala, algumas apoiadas em almofadas, caso ainda não consigam se sentar sozinhas.

Esse tipo de atividade, embora muito simples aos olhos do adulto, ajuda os bebês a interpretar o meio, pois cada vez que ouvem o nome dos objetos e os identificam, tentam tocá-los, levá-los à boca, manuseá-los, ações importantes para o desenvolvimento neuro-sensório-motor e da linguagem. Schiller e Rossano (2008, p. 75) destacam que "o desenvolvimento da linguagem envolve aprender a escutar, adquirir novo vocabulário, aperfeiçoar a sintaxe, aumentar o tamanho das sentenças e ter clareza na comunicação". O trabalho com a sensibilidade fonológica, definido pelos autores, leva a criança a brincar com a língua, utilizar ritmos e criar onomatopeias.

Faz parte dessa perspectiva o trabalho psicomotor, porque envolve esquemas de coordenação motora, equilíbrio, lateralidade, esquema corporal, discriminação visual, auditiva e tátil.

Lembre-se:

A melhor época da vida para o desenvolvimento do vocabulário e da psicomotricidade ocorre do nascimento aos 5 anos de idade!

4.7 A CRIANÇA E O MOVIMENTO

As crianças pequenas que ainda não falam utilizam o movimento como forma de expressão. Mesmo os maiores, que já se comunicam, continuam se expressando corporalmente. Por isso, impor regras, como ficar sentado e em silêncio, não faz parte de um trabalho pedagógico que visa à qualidade na aprendizagem das crianças, pois, enquanto se movimentam, elas colocam em ação o pensamento. Assim, quanto mais o professor estimular o movimento, melhor será para a criança o conhecimento de si e do outro e o desenvolvimento da expressão.

Para Wallon (1995), o bebê recém-nascido apresenta movimentos automáticos que dependem das características inatas, como os reflexos e automatismos de alimentação, de defesa e de equilíbrio. Nesse sentido, seus movimentos são dominados pelas necessidades orgânicas e ritmados pela alternância alimentação-sono. Nessa fase de impulsividade motora, descrita pelo autor, seus gestos são explosivos e não coordenados. O autor considera que o desenvolvimento motor da criança a partir dos 3 meses de idade ocorre através de um comportamento motor global com atitudes emocionais fortes e mal-controladas. Nessa fase, a criança começa a adquirir consciência de seus movimentos e a ter noção de lugar, virando-se para os lados. Sua expressão demonstra necessidade de movimento e exploração do meio, participando de todos os acontecimentos ao seu redor.

O bebê precisa se arrastar, engatinhar, segurar-se até que consiga levantar e andar. Esse processo favorece gradualmente o desenvolvimento da consciência dos limites do seu corpo, assim como da consequência de seus movimentos. O professor pode organizar o espaço das crianças colocando túneis, caixas, escorregador e bancos para que sirvam de apoio.

As experiências motoras vividas pelas crianças nas brincadeiras propiciam a identificação de seu próprio corpo e

dos objetos, estabelecendo, assim, as primeiras noções de imagem corporal, condição fundamental para a descoberta do mundo exterior.

Assim, Bassedas, Huguet e Solé (1999) apontam que é importante estimular a função lúdica e criativa do trabalho com as linguagens, por meio de atividades em que as crianças vivenciem momentos de prazer com o movimento e a música. "A linguagem corporal é relacionada, por um lado, à linguagem musical e, por outro, à área da descoberta de si mesmo" (p. 84). A observação das crianças nas brincadeiras é fundamental, pois, quando brincam, elas expressam suas sensações em seus movimentos; assim, pode-se perceber pelas suas expressões o que lhes agrada mais e aquilo de que não gostam, além de sensações como medo ou surpresa.

Os gestos do professor também fazem parte da relação ensino-aprendizagem. Nesse sentido, o RCNEI aborda que:

> *O professor precisa cuidar de sua expressão e posturas corporais ao se relacionar com as crianças. Não deve esquecer que seu corpo é vínculo expressivo, valorizando e adequando os próprios gestos, mímicas e movimentos na comunicação com as crianças, como e quando as acolhe no seu colo, oferece alimentos ou as toca na hora do banho.* (Brasil, 1998b, p. 31)

Na pré-escola, a criança já apresenta mais domínio corporal e um vocabulário mais amplo, o que lhe garante desenvoltura na comunicação. Nessa fase, ela já compreende melhor a si e sua relação com o mundo. Por isso, há uma tendência a diminuir as atividades corporais.

Nessa idade, a criança está em pleno desenvolvimento psicomotor, experimentando ações que envolvem o esquema corporal, a organização espacial e temporal, a lateralidade, o equilíbrio e a coordenação motora, por isso os jogos e as brincadeiras devem continuar a ser valorizados na pré-escola. **Atividades como danças, jogos que envolvam habilidades com bolas, cordas, arcos, saquinhos de areia facilitam a evolução das possibilidades do corpo, ampliando o desenvolvimento psicomotor.** A coordenação motora fina também deve ser explorada e desenvolvida, porém não com atividades mecânicas, como cobrir pontilhados com linha ou ficar horas amassando bolinhas de papel crepom, mas com aquelas que utilizam diferentes movimentos como recortar, amassar, rasgar, pintar com o dedo e com pincéis, entre outras.

Nessa perspectiva, o RCNEI aponta que "o movimento para a criança pequena significa muito mais do que mexer partes do corpo ou deslocar-se no espaço. A criança se expressa e se comunica por meio de gestos e das mímicas faciais e interage fortemente utilizando o apoio do corpo" (Brasil, 1998b, p. 18).

O movimento é uma necessidade infantil

4.8 O ESPAÇO NA PRÁTICA

Sugerimos, nos itens a seguir, algumas atividades lúdicas que envolvem áreas psicomotoras como: a **percepção**, que é definida como a capacidade de reconhecer os estímulos recebidos e está ligada à atenção, à consciência e à memória; a **coordenação motora**, área que possibilita a harmonia dos movimentos; e também a **orientação** ou **estruturação espacial e temporal**, que é importante no processo de adaptação da criança ao ambiente, já que seu corpo ocupa espaço. A orientação espacial está relacionada à consciência, à memória e às experiências vivenciadas pela criança.

PASSEANDO PELO ESPAÇO

Convide as crianças para um passeio pela escola. Logo no início, questione-as quanto ao reconhecimento do espaço coletivo e sugira regras como: não interferir nos movimentos dos outros, adequar-se aos movimentos dos outros, brincar em um espaço compartilhado, passear pela sala ou pelo pátio sem se bater nos colegas ou nos objetos, formar círculos – um só ou concêntricos – ou fazer trenzinhos.

SENTINDO O ESPAÇO

No parque, você pode estimular a percepção de paisagens. Caso esteja chovendo ou não haja espaço voltado à natureza na escola, utilize imagens para esse trabalho. Faça com as crianças movimentos inspirados nas imagens propostas; explore os sons do corpo, como os produzidos pelos aparelhos respiratório e fonador, ou os sons do meio externo, como a rua.

IDENTIFICANDO PARTES DO CORPO

Pergunte às crianças que partes do corpo conseguem tocar, mostrar e nomear. Reconheça e localize determinadas partes corporais em relação às outras, aplicando noções de lateralidade e lateralização. Reconheça partes duras e moles, com pelos etc. Brinque de respirar com o nariz tapado, fale e cante com o nariz tapado, imite movimentos de pêndulo, utilizando apenas o tronco, em diferentes posições, em pé, sentado, agachado, equilibrando-se em uma perna etc.

MOVIMENTANDO O CORPO COM INSTRUMENTOS DE UMA BANDA RÍTMICA

Utilize instrumentos musicais como tambores, flautas, cornetas, latas, pandeiros, chocalhos e violão (alguns deles construídos com sucata e outros de brinquedo). Estimule as crianças a explorarem sons dos instrumentos e, em seguida, movimentarem o corpo de acordo com os sons produzidos, em diferentes posições (sentado, em pé, agachado etc.).

Após deixar as crianças brincarem com os instrumentos musicais livremente, cante músicas conhecidas por elas, como cantigas de roda. A partir das canções, inicie as brincadeiras de roda.

4.9 A CRIANÇA, A MÚSICA E A ARTE

As atividades com música nessa fase escolar também ajudam na combinação de diferentes habilidades motoras. As crianças podem identificar as partes do corpo batendo palmas, empurrando ou batendo em objetos, ficando em pé sobre o pé direito ou esquerdo ou levantando a mão esquerda. Os instrumentos musicais, como pandeiros e tambores, podem ditar o ritmo dos movimentos. Assim, conforme as batidas, o corpo entra em ação e a criança mexe braços e pernas. Vale também propor brincadeiras como imitar formas de carros, casas, letras, números com o próprio corpo. Aí é só estimular a imaginação das crianças, que criam e recriam, evidenciando as suas interpretações e ganhando domínio corporal para atuar no mundo.

O RCNEI aponta para a importância da organização do espaço nas atividades musicais:

> *O espaço no qual ocorrerão as atividades de música deve ser dotado de mobiliário que possa ser disposto e reorganizado em função das atividades a serem desenvolvidas. Em geral, as atividades de música requerem um espaço amplo, uma vez que estão intrinsecamente ligadas ao movimento. Para a atividade de construção de instrumentos, no entanto, será interessante contar com um espaço com mesas e cadeiras onde as crianças possam sentar-se e trabalhar com calma. O espaço também deve ser preparado de modo a estimular o interesse e a participação das crianças, contando com alguns estímulos sonoros.* (Brasil, 1998b, p. 72)

Além das brincadeiras, as artes visuais e a música também são linguagens que ampliam as formas de expressão e o desenvolvimento cognitivo. Utilizar diferentes recursos traz qualidade ao trabalho pedagógico. Atividades em que as crianças tenham de escutar sons, pela manipulação de objetos ou por batidas de palmas e outras partes do corpo, ou músicas com diferentes rítmos ou instrumentais são importantes nessa fase.

As atividades vinculadas ao fazer musical são feitas com "todo e qualquer material produtor e propagador de sons: produzidos pelo corpo humano, pela voz, por objetos do cotidiano, por instrumentos musicais acústicos, elétricos etc., [...] pode-se fazer música com todo e qualquer material sonoro" (Brito, 2003, p. 59).

Nessa perspectiva, você pode incentivar, também, a criação de canções, brincadeiras com a própria voz, imitação de sons de animais e confecção de instrumentos que podem acompanhar a dança e o canto das crianças. Instrumentos como o reco-reco podem ser produzidos com um papelão ondulado, uma garrafa plástica ou um pedaço de madeira. As baquetas também podem ser construídas, utilizando-se rolhas ou papel machê e palitos de churrasco, para explorar sons dos tambores feitos com latas vazias, devidamente polidas para não deixar bordas que possam machucar, ou caixas de papelão firmes. Os chocalhos podem ser feitos com sementes e potes plásticos e devem ser devidamente lacrados com tampas e fita adesiva.

Para Brito (2003), o fazer musical é o contato entre pessoas que estejam ativas no cenário musical, seja cantando, dançando ou ouvindo. Para a autora, a produção musical contempla **criação** e **reprodução**. A partir desses eixos educativos é que acontece a prática pedagógica

Ainda de acordo com Brito (2003), a interpretação é o primeiro eixo proposto e é "a atividade ligada à imitação e reprodução de uma obra" (p. 32). O segundo eixo é a improvisação, que contempla a criação instantânea orientada por critérios musicais. A composição, terceiro eixo, "é a criação musical caracterizada por sua condição de permanência, seja pelo registro na memória, seja pela gravação por meios mecânicos, seja, ainda, pela notação, isto é, pela escrita musical" (p. 35).

Nessa mesma perspectiva de trabalho, as atividades com artes visuais ampliam as referências artísticas. A produção das crianças deve ser estimulada, em detrimento de desenhos prontos feitos mecanicamente a partir de reprodução de formas. Os desenhos podem ser criados com exploração de materiais, contação de histórias etc. A arte na educação infantil pode ser trabalhada através de conteúdos que envolvam a pintura, o desenho, a modelagem, o recorte e colagem e a dobradura. Também são interessantes as atividades que envolvam o teatro com máscaras, com fantasias ou com fantoches. A linguagem da arte é uma das formas de expressão humana mais antiga a qual se tem conhecimento, assim, aponta questões do mundo imaginário na infância. Neste sentido, abordar esse conteúdo na educação infantil estimula a cognição, a sensibilidade e a cultura.

O educador pode organizar um espaço na própria sala para a arte, organizando recursos adequados que conduzam ao trabalho com as cores, linhas, pontos, formas, harmonia, texturas, diferentes temas e estilos. Entre esses recursos podem estar tintas, pincéis, papel, esponjas, velas, rolhas, carvão, lápis preto, grafite ou pastel, canetas hidrográficas e esferográficas, giz de cera e, para o quadro de giz, barbante, lãs, linhas, lixas, tecidos, areia. Também são úteis materiais como sucatas, as quais podem ser constituídas por produtos industrializados ou naturais, e massinha, argila, blocos e retalhos de madeira, espátulas, rolos, miçangas, máscaras, fantoches, recortes de EVA ou TNT. O importante é que sejam organizados em um ambiente estimulador, oportunizando às crianças perceberem texturas, cores e aromas.

Para estimular a criatividade das crianças, o professor pode recorrer às obras de pintores e escultores conhecidos no mundo das artes, com o objetivo de estimular a leitura de imagens e o contato com a cultura construída historicamente, e não com a simples reprodução de técnicas, o que reduziria o trabalho, tornando-o mecânico e sem expressão.

> As vivências desenvolvidas com recursos da música e artes plásticas influenciam o desenvolvimento da imaginação e da criatividade, pois têm papel fundamental na formação do pensamento simbólico. Construir projetos que ampliem o repertório de canções, propiciem o contato com os sons da natureza ou explorem os sons do próprio corpo requerem um trabalho de criatividade tanto por parte das crianças como do professor.

As artes visuais, de acordo com o RCNEI, são vistas como uma linguagem com estrutura e características próprias e sua aprendizagem ocorre nos aspectos prático e reflexivo. A articulação entre esses dois aspectos aborda o fazer artístico, a apreciação e a reflexão:

> **Fazer Artístico:** *centrado na exploração, expressão e comunicação de produção de trabalhos de arte por meio de práticas artísticas, propiciando o desenvolvimento de um percurso de criação pessoal;*

> **Apreciação:** *percepção do sentido que o objeto propõe, articulando-o tanto aos elementos da linguagem visual quanto aos materiais e suportes utilizados, visando desenvolver, por meio da observação e da fruição, a capacidade de construção de sentido, reconhecimento, análise e identificação de obras de arte e de seus produtores;*
>
> **Reflexão:** *considerado tanto no fazer artístico como na apreciação, é um pensar sobre todos os conteúdos do objeto artístico que se manifesta em sala, compartilhando perguntas e afirmações que a criança realiza instigada pelo professor e no contato com suas próprias produções e as dos artistas.* (Brasil, 1998b, p. 89, grifo nosso)

Nesse sentido, a prática pedagógica envolvendo as artes visuais exige do educador atenção às características de desenvolvimento próprias das crianças, objetivando estimular a criatividade delas.

A abordagem de Schiller e Rossano (2008) aponta a importância de o professor solicitar às crianças que estas falem sobre a sua forma de expressão artística, pois, assim, os pequenos percebem que o adulto está interessado no seu trabalho. Você pode fazer perguntas como: O que você pintou? É algo conhecido? O que significa? Além disso, elogios carinhosos e sugestões construtivas em relação à utilização dos recursos são importantes para a criança.

Nesse sentido, o desenvolvimento infantil ocorre de forma integrada e o pensamento, a sensibilidade, a imaginação e a percepção se unem no processo de aprendizagem em artes visuais.

O professor precisa estar preparado para desenvolver uma ação educativa de qualidade. De acordo com o RCNEI, "é no fazer artístico e no contato com os objetos de arte que parte significativa do conhecimento em artes visuais acontece" (Brasil, 1998b, p. 91). Assim, o trabalho pedagógico nessa área há muito tempo se desvinculou de uma prática decorativa ou de reforço para aprendizagem de conteúdos.

Foi nessa perspectiva, inclusive, que a qualificação profissional, tema sempre presente nas discussões sobre a educação infantil, serviu para aprimorar o atendimento às crianças pequenas.

> A formação acadêmica e pedagógica dos professores propicia o conhecimento do desenvolvimento das crianças e das diferentes concepções pedagógicas.

Bassedas, Huguet e Solé (1999) destacam que as crianças, na educação infantil, estão muito interessadas nas atividades plásticas. Os pequenos, desde o início de seu contato com lápis e papéis, observam que podem fazer traços expressivos sobre o papel e, assim, deixar marcas. As autoras apontam as capacidades que essas atividades estimulam, como a habilidade manual que trabalha a precisão em fazer linhas e outros traços e a imaginação, favorecendo a formação de conceitos que envolvem a observação e a análise da realidade.

4.10 A CRIANÇA E A LINGUAGEM ORAL E ESCRITA

As atividades de reprodução de formas, letras e palavras sem sentido deram lugar ao trabalho com a linguagem oral de forma sistematizada e significativa no ambiente escolar. O professor deve reconhecer a intenção comunicativa dos gestos e balbucios dos bebês, procurando valorizar esses momentos e responder a eles. A prática de atividades ligadas à linguagem oral considera que os bebês podem e devem interagir com os outros. Para isso, o professor pode organizar espaços forrados com tapetes, almofadas e rolos de espuma cobertos com tecidos para apoiar os bebês que ainda não se sentam sozinhos. As atividades podem envolver cantigas de roda, parlendas, canções, brincadeiras com palavras, brinquedos que estimulem a sonoridade e a atenção.

As **rodas de conversa**, presentes no maternal, são oportunidades de praticar a fala, identificar preferências, contar histórias vividas com a família. Esses momentos propiciam interações sociais, afetivas e cognitivas entre as crianças, o que favorece a aprendizagem da argumentação, da discussão de regras e da escuta.

O adulto tem um papel fundamental nesse processo: a mediação dos diálogos.

De acordo com essa proposta, o RCNEI, destaca que

> *o trabalho com a linguagem se constitui um dos eixos básicos na educação infantil, dada sua importância para a formação do sujeito, para a interação com as outras pessoas, na orientação das ações das crianças, na construção de muitos conhecimentos e no desenvolvimento do pensamento.* (Brasil, 1998b, p. 149)

Nesse sentido, a **organização do pensamento deve ser foco do trabalho com a linguagem oral na pré-escola**, pois ao falar a criança já necessita antecipar e planejar o que deseja expressar. O trabalho pedagógico com a linguagem oral deve fazer parte do cotidiano, no local da refeição, no pátio, na biblioteca, no banheiro e nos corredores da escola, pois dessa forma construirá um ambiente propício à comunicação verbal. As pessoas que fazem parte desse ambiente – professores, merendeiros, coordenadores, auxiliares – têm papel essencial nesse contexto e possibilitam diferentes situações de fala, mais simples ou mais complexas, porém ricas pela diversidade de assuntos.

Na pré-escola, as rodas de conversa indicam momentos em que as conversas não seguem uma formalidade, podendo ser explorados assuntos como notícias de jornais que envolvam a comunidade, ações que serão desenvolvidas em diferentes momentos do dia, situações ligadas a acontecimentos com as crianças em outros contextos, como na família ou em brincadeiras com amigos. O importante nesse momento é que todos tenham a oportunidade de falar e de serem ouvidos, apresentando suas opiniões.

As situações pedagógicas com a oralidade descrevem atividades de recontar histórias, declamar poesias, relatar acontecimentos do cotidiano, elaborar perguntas etc., e todas podem ser sistematizadas por meio de brincadeiras com textos poéticos, parlendas, letras de cantigas de roda e brinquedos cantados. **Nessas atividades, as crianças de diferentes idades podem estar integradas, porque os menores aprendem com os maiores, participando de contação de histórias, dramatizações e apresentação de músicas.**

Para Bassedas, Huguet e Solé (1999, p. 77), "a linguagem verbal é o instrumento básico da comunicação e representação dos seres humanos e é o que os identifica precisamente como tal". Nesse sentido, a educação infantil, em suas diversas atividades que envolvem a oralidade, estimula os pequenos a desenvolverem várias capacidades, o que contribui para a comunicação e a expressão deles.

Ao encontro dessa ideia, o RCNEI aponta que as crianças são sujeitos conscientes e ativos no processo de construção de conhecimentos. Assim, as crianças da pré-escola devem ter acesso a textos de diferentes gêneros e participar de atividades de reconto de histórias. Devem, também, ter a liberdade de escolher livros para ler em casa, sendo assim estimuladas à leitura e à escrita. **O papel do adulto é fundamental na formação da criança, pois sabemos que é um adulto leitor que mostra às crianças o significado da escrita que está nos livros infantis.**

O pensamento nessa fase da vida da criança está mais organizado, por isso o professor deve aproveitar todas as oportunidades para ampliar o interesse pela leitura e escrita. As rodas de contação de histórias permitem às crianças que, em grupo, escolham seus livros preferidos, conheçam obras de diferentes autores, digam suas opiniões e descrevam relatos. É importante que o professor apresente diferentes gêneros textuais para a criança, como: bilhetes, receitas, textos informativos, fábulas, lendas, gibis, tiras de jornais e revistas, contos e poesias. A diversidade de textos oferecida pelo professor desperta a curiosidade e o conhecimento da criança pela linguagem escrita.

É o que descreve o RCNEI:

> *As palavras só têm sentido em enunciados e textos que significam e são significados por situações. A linguagem não é apenas vocabulário, lista de palavras ou sentenças. É por meio do diálogo que a comunicação acontece. São os sujeitos em interações singulares que atribuem sentidos únicos às falas.* (Brasil, 1998b, p. 120)

O desenvolvimento da linguagem e das possibilidades de expressão da criança acontecem ao mesmo tempo em que as transformações do pensamento. Assim, os pequenos percebem e adquirem consciência do mundo de diferentes formas enquanto se desenvolvem e aprendem. A enorme quantidade de experiências cotidianas das crianças as levam a buscar relações, fazer associações e reconstruir pensamentos e ações. Nessa abordagem, o Referencial destaca que:

> *A linguagem não é homogênea: há variedades de falas, diferenças nos graus de formalidade e nas convenções do que se pode e deve falar em determinadas situações comunicativas. Quanto mais as crianças puderem falar em situações diferentes, como contar o que lhes aconteceu em casa, contar histórias, dar um recado, explicar um jogo ou pedir uma informação, mais poderão desenvolver suas capacidades comunicativas de maneira significativa.* (Brasil, 1998b, p. 121)

Nesse sentido, as atividades ligadas à aprendizagem da leitura e da escrita devem considerar que o contato da criança com essa área é um processo, assim como a fala e o andar. A criança constrói suas primeiras interações à medida que é estimulada a ter contato com letras, palavras e textos.

> Brincando, a criança conhece o mundo da leitura e da escrita.

4.11 A PSICOMOTRICIDADE AMPLIANDO OS HORIZONTES DA LINGUAGEM

Brincar é um estímulo a aprendizagens específicas que ampliam o desenvolvimento de habilidades psicomotoras, como lateralidade e equilíbrio, cognitivas, pois envolve a memória, a atenção, a concentração e o raciocínio, e afetivas, possibilitando interações entre as crianças e expressão de sentimentos.

A psicomotricidade é uma área importante para a aprendizagem da leitura e da escrita, pois **as habilidades psicomotoras são essenciais para o desenvolvimento da linguagem.** Entre elas está a lateralidade, percebida nas atividades em que é necessário o desenvolvimento manual, como a escrita e a aprendizagem da matemática, que envolve o conhecimento numérico. A criança precisa saber, por exemplo, quantas voltas existem nas letras *m* e *n* ou quantas sílabas formam uma palavra.

A discriminação visual também envolve a psicomotricidade, com a movimentação dos olhos da esquerda para a direita (e vice-versa), o domínio de movimentos precisos e adequados à escrita, como o acompanhamento das linhas de uma página do caderno com os olhos ou os dedos. A preensão correta do lápis e do papel e a maneira de folhear o caderno também é trabalhada na área de coordenação visual e manual.

Nesse sentido, algumas atividades simples podem fazer parte da rotina diária nas aulas. Preste atenção às seguintes sugestões:

A percepção pode ser estimulada com exercícios táteis como apalpar sacos de tecido cheios de vários tipos de objetos, identificar os colegas pelo tato, andar descalço sobre diferentes texturas, como lama, água, areia, terra e madeira. Ou ainda, manipular objetos de madeira, metal e vidro para perceber variações de temperatura e de tamanho. Depois, todos podem contar o que acharam da experiência.

Os exercícios de percepção gustativa são feitos na hora das refeições. O professor pode oferecer alimentos de diferentes sabores e temperaturas, assados, cozidos ou crus, sólidos, líquidos, crocantes, duros ou macios. É possível perceber também cores, comparar temperos como sal e açúcar, entre outros. Essas atividades podem envolver, ainda, uma discussão sobre hábitos alimentares saudáveis.

A percepção auditiva pode ser desenvolvida com brincadeiras como adivinhar a origem de determinado som, dentro e fora da sala, como cabra-cega, ou ler em voz alta poesias e frases com rimas. Outra opção são as atividades de identificação e imitação de sons e ruídos produzidos por animais e fenômenos da natureza.

Que tal brincar de batata-quente, da maneira sugerida a seguir?

Batata-quente dos bichos

Escolha, com as crianças do maternal ou do pré-escolar, figuras de animais, recorte-as e cole-as dentro de caixas de fósforos. As figuras também podem ser escolhidas com os pequenos do berçário, em uma contação de histórias com livro de imagens. Coloque todas as caixas de fósforo dentro de uma caixa de sapato forrada. Convide as crianças a se sentarem em círculo no pátio coberto da escola. Explique a brincadeira, dizendo que vai tocar uma música e que, enquanto isso, a caixa de sapato deverá passar entre todos.

Quando a música parar, quem estiver segurando a caixa de sapato deve abri-la e tirar uma caixa de fósforo. Sem que os outros vejam, a criança abre a caixinha e vê o animal representado na figura, com a ajuda do professor. Então, ela deve imitar o movimento e o som que esse bicho faz, para que os colegas tentem adivinhar. Poderão ser exploradas, ainda, informações sobre os animais, como local de origem, onde vivem, de que se alimentam etc. A brincadeira continua até que todos tenham participado.

Os exercícios de percepção visual devem ser feitos em todos os espaços da escola. Para isso, o professor pode aproveitar os momentos em que as crianças transitam de um ambiente ao outro e fazer com que elas reconheçam cores, texturas, tamanhos e formas. Identificar os objetos que têm as cores primárias – vermelho, azul e amarelo –, agrupar objetos com cores iguais, formas iguais. Os jogos de quebra-cabeça também são importantes para a discriminação visual e podem ser confeccionados com desenhos das crianças.

Os jogos e as brincadeiras que desenvolvem a coordenação são essenciais para a infância. Por exemplo, resgatar atividades e exercícios de coordenação dinâmica global, como sentar-se no chão com as pernas e braços cruzados, engatinhar em diferentes ritmos, arrastar e correr imitando animais, correr segurando objetos como uma bola – com as duas mãos, com a mão direita ou com a esquerda –, quicar e arremessar bolas para um colega ou em direção a objetos definidos. Veja a sugestão da brincadeira de tomba-lata:

Tomba-lata dos números

Peça às crianças que tragam de casa latas vazias de achocolatado, leite em pó etc. Em folhas de papel reciclado – ou as que podem ser reaproveitadas –, desenhe ou cole números de 0 a 10. As crianças podem colorir os números com tinta guache, giz de cera ou lápis de cor. Também são necessárias três bolas de meia para a brincadeira.

Coloque todas as latas, umas sobre as outras, em cima de uma mesa. Organize as crianças pequenas em duas ou três equipes, e disponha-nas em filas. A primeira criança de cada fila vai arremessar as bolas de meia nas latas; cada lata derrubada conta pontos para sua equipe. Por exemplo, o primeiro da fila "A" derruba as latas de número 1, 6 e 7. O professor pode utilizar tampinhas de garrafa para ajudar na contagem dos números com as crianças, colocando as tampinhas no chão para que todos possam contar. Poderá ser feita uma competição entre as equipes, mas sem se esquecer de evidenciar a cooperação entre elas.

Os exercícios de coordenação visomotora e motora fina também são aliados no desenvolvimento psicomotor das crianças. As atividades podem ser feitas utilizando massa de modelar e barro, livros, gibis e revistas (para folhear), iôiô etc. Enfiar cadarços nos tênis ou em buracos feitos em tecidos, rasgar papel livremente em pedaços com diferentes tamanhos e formas etc. Ensinar como se segura e se manuseia uma tesoura, colar papel picado e figuras retiradas de revistas, desenhos feitos pelas crianças, que envolvam o corpo em movimento como pular corda, crianças tocando violão, linhas horizontais, verticais, diagonais etc.

Como podemos observar, as atividades psicomotoras estão no cotidiano infantil e podem ser desenvolvidas de forma simples e com jogos e brincadeiras.

Que tal estimular o contato com a leitura e a escrita através de jogos e brincadeiras aliadas ao movimento?

As atividades sugeridas a seguir têm o objetivo de propiciar às crianças o contato com a leitura e a escrita, de forma prazerosa e lúdica, respeitando seu ritmo e interesses.

Brincando com o meu nome

Peça que cada criança se apresente para a turma, dizendo o seu nome e se sabe quem o escolheu, se gosta do seu nome ou que outro nome gostaria de ter. Estimule as crianças a falarem seus nomes com diferentes entonações. Entregue a cada aluno um pedaço de cartolina e um lápis. Peça-lhes para criarem crachás com seus nomes, escritos com sua ajuda, e colocá-los sobre uma mesa. Quem não souber escrever pode desenhar ou falar, ou escrever do seu jeito. Quando todos terminarem, cada aluno, do seu jeito, apresenta o que escreveu.

Fazendo a chamada com brincadeira de roda

Confeccione com os alunos um mural de papel bem grande, pode ser em forma de barco, de carro ou de avião. Utilizando os crachás que estão sobre a mesa, no centro de um círculo formado pelas crianças, cante uma música no ritmo da "Ciranda, cirandinha" e brinque de roda:

"O fulano vai viajar
Dizendo o seu nome bem certinho
O fulano vai pegar
Seu crachá neste aviãozinho".

A criança cujo nome foi citado deve procurar e colocar o crachá com seu nome e fixá-lo no mural, enquanto seus colegas cantam a música. Essa atividade propicia desenvolvimento da identidade, socialização, consistência e união do grupo, sondagem sobre as letras que conhecem, tipo de letra que utilizam etc. O professor deve anotar todas as falas e observações importantes dos alunos. Ao final, refletir sobre todo o processo desenvolvido e as observações e descobertas, percebendo também a validade dessa atividade tendo em vista o nível do aluno e as dificuldades encontradas por ele e pelo professor.

Meu nome virou um quebra-cabeça

O aluno escreve em uma ficha, ou já recebe escrito, o seu nome e recorta em vários tamanhos. Em seguida, tentará formá-lo novamente. Também pode ser colada uma imagem no verso da ficha.

Nome com mímica

Cada criança procura em jornais ou revistas um animal que começa com a letra do seu nome. Ex: Maria – macaco. O aluno faz uma mímica para os outros descobrirem e, quando estes acertarem, a figura é mostrada e colada num mural.

Brincando de faz de conta

Leve para a sala de aula objetos e brinquedos que representem o real significado das palavras, como carros de brinquedo para representar carros verdadeiros, relógios, telefones etc. Estimule as crianças a criarem histórias com os objetos. Utilize também objetos que não representem o real, como caixas de papelão para imitar carros, e estimule as crianças a criarem movimentos e sons que expressem o objeto ou brinquedo pensado por ela. Com a pré-escola, a atividade pode ser feita em duplas ou trios.

Relatando as brincadeiras

Muitas escolas têm em sua rotina um tempo e, às vezes, um dia predeterminado para as crianças trazerem brinquedos de casa e se socializarem com colegas. Assim, antes desse dia, proponha aos pequenos que planejem quais brinquedos vão trazer e com quais brincadeiras pretendem brincar. Você pode ajudá-los fazendo anotações, produzindo um texto coletivo, construindo regras coletivas que poderão ser expressas em cartazes com frases e figuras e expostos no pátio. Reúna as crianças para que relatem as brincadeiras durante seu desenvolvimento e quando terminarem.

Atividades de leitura

Organize um círculo com as crianças, de preferência embaixo de uma árvore. Estimule-as a ler histórias em quadrinhos com diferentes balões (personagens pensando, sonhando, falando, gritando etc.). O mesmo pode ser feito com obras de arte, ilustrações, marcas de produtos e textos de livros, revistas, jornais, folhetos etc.

4.12 A CRIANÇA, A NATUREZA E A SOCIEDADE

As crianças da creche representam o mundo a partir das relações que estabelecem com os objetos concretos da realidade sentida e vivenciada. Essas relações são significadas e mediadas por representações construídas culturalmente, favorecendo mudanças no modo de compreensão do mundo. A criança é curiosa, gosta de explorar objetos e de movimentar-se constantemente. Nas interações com o meio, ela confronta hipóteses e explicações que lhe são fornecidas. Assim, a elaboração pelas crianças de conceitos acerca dos fenômenos, seres e objetos ocorre não apenas a partir do concreto, mas de forma contextualizada, e, conforme elas vão se desenvolvendo e aprendendo, dirige-se a particularização.

Segundo o RCNEI, o conhecimento construído acontece gradativamente por meio de "curiosidade, de crítica, de refutação e de reformulação de explicações para a pluralidade e diversidade de fenômenos e acontecimentos do mundo social e natural" (Brasil, 1998b, p. 173). Nessa perspectiva, você pode organizar o trabalho de maneira a sistematizar conteúdos mais significativos para a criança e sua realidade. O trabalho consiste em estimular as crianças a observarem fenômenos, descreverem acontecimentos, elaborarem hipóteses e, principalmente, conhecerem a historicidade das relações sociais utilizando recursos como televisão, rádio, fotografias, jornais, filmes e livros.

A prática pedagógica com a criança de creche tem por objetivo "explorar o ambiente, para que possa se relacionar com pessoas, estabelecer o contato com pequenos animais, com plantas e com objetos diversos, manifestando curiosidade e interesse" (Brasil, 1998b, p. 166). As atividades podem envolver histórias, jogos, brincadeiras e músicas que abordem a cultura presente no contexto social da criança, experiências que identifiquem explorações de objetos, suas propriedades e relações simples de causa e efeito. Assim, preparar gelatina é um exemplo simples de como ocorre o processo de transformação e pode ser feito facilmente com a participação das crianças pequenas.

Algumas escolas investem em espaços com animais e plantas, o que facilita o convívio dos pequenos com eles. A confecção e observação de terrários com minhocas pode fazer a criança perceber a articulação entre cuidados e ciência, através do cultivo de seres vivos importantes para manter a vida das plantas.

As brincadeiras que envolvem a expressão corporal favorecem o conhecimento do próprio corpo e de como ele cresce e se desenvolve, ampliando a noção de seus potenciais físicos, motores e perceptivos. Contudo, a criança percebe gradativamente a relação entre o seu próprio corpo e o meio quando descobre que suas ações correspondem ao seu cotidiano.

Nesse contexto, o RCNEI aponta os objetivos voltados à criticidade para as crianças da pré-escola. O primeiro desses objetivos é "interessar-se e demonstrar curiosidade pelo mundo social e natural, formulando perguntas, imaginando soluções para compreendê-lo, manifestando opiniões próprias sobre os acontecimentos, buscando informações e confrontando ideias" (Brasil, 1998b, p. 175).

A prática pedagógica do professor, nesse sentido, pode envolver projetos que estimulem a pesquisa de alimentação, vestimentas, jogos e brincadeiras, canções, relações de trabalho e de lazer que favoreçam a percepção de diferenças culturais e históricas.

Outro objetivo proposto para essa faixa etária é "estabelecer algumas relações entre o modo de vida característico de seu grupo social e de outros grupos" (Brasil, 1998b, p. 175). O estímulo à percepção das diferenças entre os hábitos de pessoas de um mesmo país, porém de regiões diversas, pode partir de discussões sobre modos de vida, hábitos e costumes. A reflexão sobre a diversidade cultural faz as crianças se identificarem com o contexto social em que vivem, desenvolvendo noções de respeito, solidariedade e cooperação, as quais devem estar presentes nas relações com colegas, familiares, vizinhos etc.

O que você acha de trabalhar, com os pequenos, a paisagem urbana?

Solicite às crianças que tentem resgatar fotos antigas e recentes do bairro em que moram. Com a ajuda das crianças, monte um "mural refletido", que será o resultado de uma observação feita sobre as principais mudanças ocorridas no espaço. Após a organização desse mural, traga um mapa da cidade com a localização dos bairros e apresente trechos de filmes e desenhos animados que mostrem como a modernização urbana criou diferentes tipos de construções e condições de moradia. É importante que as crianças percebam a localização de sua moradia em relação ao centro da cidade. Para que isso ocorra, você pode desenhar no pátio um mosaico evidenciando o bairro da escola, bairros vizinhos e o centro da cidade. Alguns pontos conhecidos como igrejas, a escola e praças podem ser marcados para ajudar as crianças a localizar e identificar as regiões que a cercam.

Após traçar caminhos que liguem os bairros, convide todos para brincarem de um jogo chamado *cada macaco no seu bairro.* Diga para as crianças ficarem todas em cima da escola representada no desenho, ou em seus bairros, e explique que, quando falar "cada macaco no (definir um ponto de referência) do seu bairro", todas deverão se dirigir para o local determinado. Por exemplo: "Cada macaco na igreja do seu bairro" ou "cada macaco na escola do nosso bairro". As crianças podem andar, pular ou correr para o local determinado e você pode usar termos que definam localizações, como *em frente*, *perto*, *longe*, *ao lado*, *atrás* etc.

Para finalizar o trabalho, organize uma visita a algum ponto de referência do bairro da escola ou do bairro onde a maioria das crianças reside, apontando, também, questões sociais como lideranças de movimentos, localização em relação à escola e ao centro da cidade, condições materiais e serviços disponíveis nesses locais.

A necessidade atual de formar cidadãos conscientes da sua ação sobre a natureza deve estimular as práticas que envolvam o contato com plantas e animais. O conhecimento sobre os cuidados no seu cultivo e criação atendem ao objetivo de "estabelecer algumas relações entre o meio ambiente e as formas de vida que ali se estabelecem, valorizando sua importância para a preservação das espécies e para a qualidade da vida humana" (Brasil, 1998b, p. 175).

O século XXI necessita de sujeitos críticos que revejam o seu relacionamento com o meio ambiente e que tenham consciência das consequências de suas ações na natureza. A própria globalização que, enquanto aproxima os povos, também provoca conflitos entre as fronteiras políticas, requer novas maneiras de ensino da ciência e da geografia, do estudo da terra e do tempo.

Cidadãos que compreendem as relações existentes entre a natureza e a sociedade são formados desde a infância.

Se a escola tiver um laboratório ou uma sala de informática, pode-se realizar experimentos que, por motivo de segurança, não poderiam ser feitos no ambiente escolar da educação infantil. Simuladores *on-line*, no computador, possibilitam aos alunos a observação do dióxido de carbono que transportes como carros e ônibus urbanos emitem nas cidades todos os dias. Talvez você pense que o computador com comunicação à internet seja um recurso de difícil acesso ou, até, de difícil entendimento por parte das crianças tão pequenas. Porém, se for feito um bom planejamento, com objetivos claros e uso de linguagem adequada, valerá a pena investir nele.

A partir das informações relevantes dos conteúdos e dos aspectos observados pelas crianças, pode ser desenvolvida uma dramatização sobre o tema. Assim, questões ecológicas, como cuidado com a natureza, preservação e plantio de novas árvores no bairro em que moram, podem explicar a necessidade de compensar a emissão de dióxido de carbono pelos automóveis e a importância social e econômica dos transportes coletivos.

Porém, refletir sobre a preservação também exige dos professores estudo sobre as diferentes culturas e etnias que existem no nosso país, sobretudo as dos indígenas, que, muitas vezes, são tratados com descaso pela sociedade.

> Vamos brincar de índio?
> Muito mais que isso, estudar a cultura indígena é descobrir como a cultura dos não índios contempla seus costumes, seus modos de vida e sua organização social.
> Índio não é brincadeira, não!

Você pode pesquisar e mostrar textos e fotos de grupos indígenas e seus tipos de alimentos, como estes são produzidos e em que região; apresentar a maneira destes povos expressarem a arte pelo artesanato, pelas danças, pelos jogos e pelas brincadeiras; falar sobre as características de suas moradias e como vivem atualmente. Enfim, elucidar e mostrar a realidade desse povo, interpretando a presença indígena, seus métodos de sobrevivência e preparo físico, bem como a forma como se organizam socialmente nos dias de hoje e que contribuições deram para o mundo das artes e da literatura.

Assim, as atividades podem ser feitas com releitura de imagens de indígenas, exploração de seus instrumentos sonoros e vivência de suas brincadeiras e jogos, as quais são mais significativas que a confecção de adornos e pinturas na pele.

4.13 A CRIANÇA E A MATEMÁTICA

A matemática também é considerada uma linguagem e tem como objetivo trabalhar quantidade, espaço e tamanho, entre outros. A criança, desde muito pequena, brinca com sólidos geométricos, quebra-cabeças, jogos de encaixe e, assim, começa a ter noções dos conceitos de tamanho, número e forma. Nesse sentido, **as atividades que envolvem o conhecimento lógico-matemático estimulam o processo de desenvolvimento e aprendizagem da criança**, seja pela coordenação das relações que estabelece entre os objetos e os brinquedos, seja para que amplie o conhecimento físico, como a identificação das cores, pesos etc.

A matemática faz parte do universo das crianças. Os números, as relações entre quantidades e as noções de espaço fazem parte de diferentes situações do cotidiano.

Ao encontro dessa ideia, Bassedas, Huguet e Solé (1999) destacam que o trabalho com a matemática na educação infantil tem como objetivo desenvolver as capacidades de: utilizar as linguagens mais formais, abstraindo a realidade; perceber as propriedades dos objetos ou de acontecimentos, envolvendo a formação de conceitos sobre formas e tamanhos; e resolver problemas por meio de elaboração de estratégias.

Desde muito cedo, a matemática pertence à vida da criança. Mesmo antes de entrar na creche, ela já vivencia situações que envolvem conceitos lógicos. Para as mesmas autoras,

> *o trabalho no âmbito da matemática, nesta idade, ajuda a criança a compreender, a ordenar a realidade (as características e as propriedades dos objetos) e também a compreender as relações que se estabelecem entre os objetos (semelhança, diferença, correspondência, inclusão etc.)* (Bassedas; Huguet; Solé, 1999, p. 81).

As situações-problema são resolvidas pela criança à sua maneira, sobre o que o RCNEI aponta:

> *utilizando recursos próprios e pouco convencionais, elas recorrem a contagem e operações para resolver problemas cotidianos, como conferir figurinhas, marcar e controlar os pontos de um jogo, repartir as balas entre os amigos, mostrar com os dedos a idade, manipular o dinheiro e operar com ele etc.* (Brasil, 1998b, p. 207)

Assim, essas práticas envolvem suas primeiras relações com os números e são fundamentais na construção dos conhecimentos matemáticos. O professor deve considerar esse aspecto na relação ensino-aprendizagem da criança. Porém, nem sempre o conhecimento da matemática ou de qualquer outra disciplina foi considerado um processo em construção. O próprio RCNEI aponta algumas reflexões a esse respeito. A abordagem da matemática foi, por muito tempo, desenvolvida destacando a aprendizagem dos conteúdos por repetição, memorização e associação. Nesse sentido, a aprendizagem se dava numa sequência de conteúdos que requeriam pré-requisitos e precisavam ser trabalhados dos mais simples para os mais complexo, dos mais fáceis para os mais difíceis.

Outra concepção em relação à aprendizagem da matemática é que a ação pedagógica precisa acontecer a partir do objeto concreto para que a criança faça as abstrações. O referido documento aborda que a fragmentação entre concreto e abstrato, entre objeto e conceitos, faz com que os recursos utilizados para explorar o conhecimento prévio do aluno sejam considerados autoinstrutores. "Na realidade, toda ação física supõe ação intelectual" (Brasil, 1998b, p. 209). Dessa forma, o conteúdo a ser desenvolvido sempre evoca as experiências da criança. Assim, observamos na fala do aluno, ao ser questionado quantos anos tem, que sua resposta permite a relação direta com o número; o mesmo pode acontecer quando ele sobe na balança para ver seu peso ou usa moedas para pagar balas. "Como aprender é construir significados e atribuir sentidos, as ações representam momentos importantes da aprendizagem na medida em que a criança realiza uma intenção" (Brasil, 1998b, p. 210).

Uma maneira significativa de iniciar o trabalho pedagógico com os números na educação infantil é a prática de coleções. Estimular as crianças a colecionar pode ser uma forma lúdica de relacionar suas experiências aos números, grandezas e quantidades. Juntar objetos é um recurso que o professor pode utilizar para apresentar os conteúdos da matemática para as crianças, por fazer parte de hábitos que perpetuam diferentes culturas e momentos históricos. Assim, o conhecimento sobre as operações de adição e subtração, produção e interpretação de registros numéricos, comparação e ordenação de quantidades e produção de sequências em ordem crescente e decrescente pode ser construído, levando a criança a diversas formas de raciocínio. O professor pode utilizar, inicialmente, jogos e brincadeiras que explorem o que as crianças sabem sobre número, numeral, contagem e registro e, durante a prática, fazer anotações sobre a maneira como participam das atividades, o interesse nelas e como resolvem os problemas propostos.

Vale a pena lembrarmos que o jogo utilizado como recurso pedagógico precisa de planejamento e orientação, além de objetivos claros em relação à aprendizagem. O jogo e as atividades coletivas como parte do planejamento sobre a matemática se justificam por apresentarem os conteúdos de forma lúdica e contextualizada.

Por essa razão, as coleções podem contribuir no desenvolvimento de noções de quantidade. As crianças podem ser estimuladas a trazer para a escola chaveiros, bonecos de borracha pequenos etc. Para organizar a coleção, o professor, junto aos pequenos, pode fazer um mural com os números de 1 a 10 escritos sobre ganchos para pendurar, um a um, até que se forme a quantidade referida. Todo o dia pode ser feita a contagem com as crianças. Os cartões telefônicos, que trazem figuras de animais ou diferentes regiões do país, por exemplo, podem auxiliar na aprendizagem da escrita numérica. Eles podem ser colados embaixo de cada número em uma sequência numérica escrita no quadro.

Folhas e flores colhidas pelas crianças diariamente podem ser interessantes para propiciar momentos de afeto entre elas e a mãe ou o professor. Convidar as crianças a passear no jardim e colher folhas pode ser uma atividade rica e facilita a contagem e o registro de números até 20 ou 30. A atividade pode consistir em organizar as folhas considerando tamanho e forma e, depois, fazer a contagem e o registro até o número definido pelo professor. Durante a contagem, também podem ser introduzidas as operações de soma e de subtração e, ao final, todos podem confeccionar quadros, livros e desenhos com as folhas selecionadas.

A resolução de problemas é parte do contexto da aprendizagem da matemática. Conforme o RCNEI,

> *Na aprendizagem da matemática o problema adquire um sentido muito preciso. Não se trata de situações que permitam aplicar o que já se sabe, mas sim daquelas que possibilitam produzir novos conhecimentos a partir dos conhecimentos que já se tem em interação com novos desafios* (Brasil, 1998b, p. 211).

A turma da pré-escola também pode ser estimulada a ler, interpretar e produzir escritas numéricas de 2 e 3 algarismos, pois já operam com quantidades maiores e resolvem pequenos problemas matemáticos. Assim, uma coleção de figurinhas pode ser um recurso viável para apresentar os números até 100. As crianças trazem para a sala de aula as figurinhas, que vão sendo contadas diariamente. O professor deve considerar que o aumento da quantidade exigirá novas atitudes referentes à aprendizagem dos números, pois será diferente contar 8 mais 6 e 12 mais 17, por exemplo. As crianças apresentarão diferentes formas de contar, utilizando os dedos ou riscos no quadro, entre outros. É importante que elas elaborem todas as formas possíveis, pois através da análise e da discussão dos procedimentos utilizados é que chegarão ao modo mais adequado ao seu raciocínio.

O professor pode utilizar alguns elementos que sirvam de referência, como a fita métrica. O registro e a contagem de figurinhas proporcionarão novas relações, estrutura de pensamento e elaboração de argumentos sobre as diversas maneiras de organização, o que proporcionará ao professor reflexão sobre a metodologia.

De acordo com o RCNEI, "**reconhecer a potencialidade e a adequação de uma dada situação para a aprendizagem, tecer comentários, formular perguntas, suscitar desafios, incentivar a verbalização pela criança etc. são atitudes indispensáveis do adulto**" (Brasil, 1998b, p. 213, grifo nosso).

Além das coleções, atividades como histórias, contos, músicas, jogos e brincadeiras favorecem a construção dos conhecimentos matemáticos na infância, pois envolvem, além da sequência numérica, comparações entre quantidades e notações numéricas e a localização espacial.

PLANOS DE AULA

A seguir, apresentaremos alguns planos de aula envolvendo os conteúdos da matemática para a educação infantil.

Que tal uma aula envolvendo as formas geométricas?

Leve para a turma do pré-escolar figuras geométricas recortadas em papel colorido e pergunte quem conhece as formas apresentadas. Estimule as crianças a identificarem essas figuras nas próprias roupas, nos objetos da sala etc. Após todos dizerem o que sabem e estabelecerem relações com as formas, você pode distribuir folhas com as seguintes ilustrações:

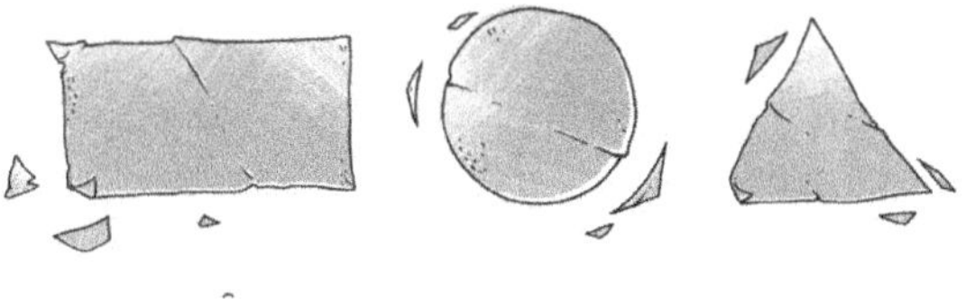

Ilustração: André Figueiredo Mueller

Formas geométricas

Em seguida, proponha às crianças que recortem essas formas e elaborem um desenho com elas, podendo ser um corpo humano, uma casa, um barco, uma televisão ou algo que cada uma achar mais conveniente. As figuras poderão ser repetidas na folha e ter diferentes tamanhos.

Assim que a maioria das crianças formar suas figuras, solicite que colem seus trabalhos em outra folha, que poderá ser de papel reciclado.

Ilustração: André Figueiredo Mueller

Figuras feitas com formas geométricas

Para decorar o desenho feito pelas crianças, ofereça sobras de materiais como EVA, tecidos, algodão, palitos de picolé, casca de lápis, folhas secas, papéis coloridos etc. Devem estar disponíveis também materiais como cola, lã, lápis e canetas coloridas.

Depois que as figuras estiverem prontas, você pode estimular as crianças a explicarem como fizeram a atividade, o que representaram. Outra opção é elaborar uma história coletiva envolvendo os trabalhos produzidos, tudo com a sua mediação. O livro didático, que poderá ser um instrumento de avaliação sobre a identificação das formas geométricas, poderá conter uma história envolvendo conceitos matemáticos, mas não devemos esquecer a produção de texto, a criatividade e a coordenação motora.

Leve as crianças ao pátio ou a uma quadra onde todas possam se deitar no chão. Com os pequenos sentados em círculo, explique que a aula vai enfocar tamanhos e comprimentos, além das unidades de medidas, entre outros conceitos. Leve como exemplos uma régua, uma fita métrica e outros objetos que façam parte do cotidiano e que as crianças identifiquem como instrumentos de medida.

Após as explicações, distribua folhas de papel bobina maiores que a altura das crianças e peça que formem pares, decidindo quem vai deitar sobre a folha para ser desenhado e quem vai desenhar o corpo do outro primeiro. No final, todos terão o seu corpo contornado. Distribua tesouras e todos recortarão os desenhos. Com figuras escolhidas em revistas, papel colorido, lã, barbante, sobras de tecidos e/ou outros materiais disponíveis, os pequenos podem vestir, fazer rostos, calçar e deixar o recorte o mais parecido consigo. Quando todos estiverem prontos, meça com fita métrica cada figura feita, explorando com elas as medidas em metro e centímetro. Faça comparações, procurando não focar os que se acharem muito pequenos, mostrando que cada um tem seu tamanho e suas características próprias.

As figuras poderão ser coladas em uma parede grande, na própria sala de aula ou no corredor da escola, para servir de recurso para outras experiências. Para isso, basta pesquisar e soltar a imaginação. A partir do significado que as crianças derem às medidas, você pode medir outros objetos e falar sobre a importância desse conteúdo no cotidiano, ajudar os pequenos a relacionarem as medidas com sua casa, com a escola, com as ruas. Isso é uma forma de avaliar o que a turma entendeu sobre o assunto.

O conhecimento lógico-matemático trabalhado na educação infantil deve ocorrer a partir de experiências concretas com os objetos, pois assim a criança estabelece relações a partir das comparações, das descobertas entre as diferenças de tamanhos, percebendo o que é menor ou maior. **É no pensamento que a criança constrói o conhecimento matemático.**

Como exemplo, você pode levar para a sala uma bandeja com legumes da época, da sua região. Mostre os legumes todos misturados para as crianças, convide uma delas para se dirigir até eles e pergunte como poderia ser feito o agrupamento dos legumes em conjuntos. Deixe a criança explorar e agrupar os legumes livremente. Logo que terminar, você pode perguntar a ela como pensou para formar os grupos.

Para Kamii e Devries (1986), o conhecimento físico e o lógico-matemático ocorre de forma interdependente, pois, quando a criança age sobre os objetos, ela identifica suas propriedades físicas e as relações lógicas que ocorrem entre eles. Assim, a construção de conceitos sobre números e quantidades acontece por meio da ação sobre os objetos.

SÍNTESE

- As propostas pedagógicas devem considerar temas que interessem aos alunos.
- O movimento pode fazer parte das atividades pedagógicas de diferentes áreas.
- A identificação dos conteúdos relacionados à natureza e à sociedade pode acontecer a partir da realidade da criança.
- A experimentação possibilita à criança perceber os fenômenos da natureza e o meio ambiente.
- Um ambiente rico e desafiador estimula a criança a construir o conceito de número, envolvendo atividades que trabalhem a noção espacial, a classificação, a seriação etc.
- A aprendizagem da leitura e da escrita é construída a partir das primeiras interações que a criança estabelece com letras, palavras e textos.
- A criança atua e interage permanentemente com um conjunto de saberes, e a escola é um espaço privilegiado para a construção do conhecimento de mundo.
- A metodologia desenvolvida pelo professor determina as relações que a criança faz com o conhecimento desde o início de sua vida escolar.
- A aprendizagem possibilita o desenvolvimento em condições determinadas, quando há interação com o meio.

› O adulto tem um papel relevante como mediador entre o mundo cultural e social da criança.

› As vivências que envolvem a exploração de objetos e outras situações diversas têm papel relevante na aprendizagem, pois possibilitam novas construções.

› A evolução da criança ocorre a partir das suas condições atuais, que podem levá-la a estágios mais avançados.

INDICAÇÃO CULTURAL

LIVRO

Com certeza, você deve ter pensado sobre as diferentes possibilidades de encaminhamento para a educação infantil. Para que você conheça mais a respeito, consulte a seguinte obra:

ABRAMOVICZ, A.; WAJSKOP, G. **Educação infantil**: creches – atividades para crianças de zero a seis anos. São Paulo: Moderna, 1999.

O livro sugere atividades práticas e possibilita a reflexão sobre o trabalho pedagógico na educação infantil.

ATIVIDADES DE AUTOAVALIAÇÃO

Faça a leitura atenta do quarto capítulo, levantando questões para reflexão. É importante fazer anotações sobre os principais aspectos observados.

Depois, responda às seguintes questões:

[1] O professor que atua nas instituições de educação infantil se depara com uma enorme diversidade cultural e também lida diariamente com a criança em processo de aprendizagem e desenvolvimento. Assim, essa transformação constante interfere nos interesses e necessidades dos educandos, exigindo do educador atualização da metodologia utilizada.

Qual das afirmativas a seguir corresponde à ideia apontada no texto?

[A] O professor deve definir objetivos claros, elaborar recursos concretos e significativos relacionados ao tema proposto em suas aulas e constantemente atualizar o planejamento.

[B] A proposta pedagógica deve considerar que a criança ainda é muito pequena e, por isso, não é um ser histórico e social.

[C] A construção da cidadania para a criança passa pelas ações do brincar espontâneo e, nesse sentido, o jogo tradicional, dirigido pelo adulto, envolve conteúdos culturais fora do contexto social do educando.

[D] As atividades da educação infantil devem ser dirigidas pelo adulto e este deve utilizar metodologias que fragmentem os conteúdos.

[2] Assinale a alternativa correta em relação à seguinte questão: Como as atividades desenvolvidas na educação infantil podem contribuir para a formação da criança como cidadã, sujeito de direitos, inserida num contexto histórico e social?

[A] Durante os passeios, comuns na educação infantil, os professores e as crianças devem explorar temas e culturas de outras regiões do país e não da região da criança.

[B] Os professores, ao sistematizarem a cultura e a história, nas quais as crianças estão inseridas socialmente, ampliam e valorizam aspectos sociais, políticos e educacionais que promovem a formação do cidadão.

[C] A literatura como um recurso utilizado na sala de aula serve apenas como base para as atividades de leitura e escrita.

[D] Utilizando os cantos pedagógicos, que servem para passatempo das crianças quando estas terminam as atividades, contribuem somente para os aspectos ligados à imaginação.

[3] Assinale (F) para as afirmações falsas e (V) para as verdadeiras em relação à proposição a seguir:

O auxílio da família é importante para estimular os pequenos à pesquisa. Assim, ações como ajudá-los a encontrar reportagens, brinquedos e objetos para uma coleção podem estimular a construção do conhecimento.

[ ] Os pais podem ouvir o que contam as crianças sobre o que estão aprendendo na escola.

[ ] Os pais devem ficar atentos à descrição das brincadeiras espontâneas na escola, pois elas demonstram a falta de planejamento por parte do professor.

[ ] A família não deve entregar à criança objetos que sejam de seu tempo de escola, pois não fazem parte do universo cultural e histórico da criança.

[ ] A família que acolhe a fala da criança sobre as atividades desenvolvidas na escola fortalece os laços afetivos existentes entre ela e a criança.

A alternativa que apresenta a sequência correta é:

[A] V, F, V, V.

[B] V, F, F, F.

[C] V, F, F, V.

[D] V, V, V, V.

[4] O espaço é um aspecto importante nas brincadeiras, por isso deve atender a alguns aspectos relativos à organização. Nesse sentido, é correto afirmar:

[I] A limpeza e a ventilação são características de um espaço bem-organizado.

[II] Na educação infantil, o professor sempre deve optar por áreas ao ar livre, com árvores e caixas de areia.

[III] Um ambiente rico deve contar com os brinquedos industrializados.

[IV] Qualquer que seja o espaço, o professor pode organizar um ambiente desafiador.

Assinale a alternativa que traz as afirmativas corretas:

[A] I e IV.

[B] I e II.

[C] II, III e IV.

[D] I e III.

[5] As crianças que ainda não falam utilizam o movimento como forma de expressão. Em relação a essa afirmação, assinale F (falso) ou V (verdadeiro):

[ ] O professor deve impor regras durante as atividades, como ficar sentado e prestar atenção.

[ ] Enquanto se movimentam, as crianças colocam em ação o pensamento.

[ ] Quanto mais o professor estimular o movimento, melhor a criança conhecerá a si mesma, ao outro e ao meio.

[ ] O movimento propicia o desenvolvimento de diferentes formas de expressão, além da corporal.

A alternativa que apresenta a sequência correta é:

[A] V, F, F, V.

[B] V, F, F, F.

[C] F, V, V, V.

[D] V, F, V, F.

ATIVIDADES DE APRENDIZAGEM

QUESTÕES PARA REFLEXÃO

[1] As atividades com música na educação infantil contribuem para o desenvolvimento das habilidades motoras e sensoriais. Nessa perspectiva, reflita sobre os seguintes aspectos:

[A] Como a música pode contribuir para o desenvolvimento de fatores cognitivos, como a atenção e a concentração, além do desenvolvimento motor?

[B] A música possibilita o contato entre as pessoas e, portanto, além das habilidades sensoriais, estimula o processo de socialização dos pequenos. Por quê?

[2] As rodas de conversa, presentes no maternal, são possibilidades de praticar a fala, identificar preferências e contar histórias vividas na família. Nesse sentido, indique algumas atitudes do professor em relação aos seguintes aspectos:

[A] interação entre o adulto e a criança;

[B] poder de argumentação, discussão de regras, momento de escuta da criança pelo educador.

ATIVIDADES APLICADAS: PRÁTICA

Atividade 1

[1] Forme um grupo com mais três ou quatro colegas e elabore uma situação-problema envolvendo noções de quantidade na matemática.

Nessa etapa, observe os passos a seguir:

[A] escolher uma sala da educação infantil (berçário, maternal ou pré-escolar);

[B] em conjunto, discutir os principais aspectos que podem ser abordados na situação-problema (lembrando que a problematização deve considerar a idade das crianças, situações cotidianas, recursos próprios para o seu interesse e desenvolvimento);

[C] definir os objetivos a alcançar;

[D] cada integrante deve escrever as ideias e as dúvidas sobre a realização da tarefa, e a equipe deve definir em conjunto quais os pontos que cada um vai pesquisar e dividir o trabalho;

[E] estabelecer um horário para se reunirem e apresentarem os resultados da pesquisa individual e da tarefa de cada um, quando também deve ser realizada a integração;

[F] a partir da elaboração da situação-problema sobre a construção da noção de quantidade, organizar o planejamento de um canto pedagógico que pode ser feito na sala de aula e atividades a serem desenvolvidas nesse espaço (inspirar-se na ideia de canto pedagógico abordada no capítulo);

[G] descrever o canto pedagógico, explicando claramente o espaço a ser utilizado, a organização do ambiente, os recursos (jogos, brinquedos, aparelhos de som, papéis, lápis etc.), as ações que propiciarão as interações entre professores, educandos e recursos, as atividades e as brincadeiras que poderão ser desenvolvidas nesse espaço.

[2] O canto pedagógico poderá ser preparado em uma escola, se for possível e permitido pelo professor.
Nesta fase, é necessário:

[A] no dia previamente marcado, organizar o canto conforme planejado. Lembre-se de registrar, por escrito, a experiência;

[B] organizar uma conclusão em que o grupo estabeleça relações entre o processo de pesquisa, a organização do canto, brinquedos e recursos utilizados, a realização de atividades (como no exemplo da alfabetização, uma contação de história com fantoches) e os conteúdos estudados no quarto capítulo.

[3] Apresentação:
A equipe deve:

[A] apresentar o planejamento do canto e das atividades às demais equipes;

[B] solicitar aos colegas que façam uma avaliação oral e por escrito do trabalho, indicando seus limites e seus pontos positivos;

[C] recolher a avaliação;

[D] anexar a avaliação dos colegas ao texto que o relator do grupo vem construindo para completar o portfólio do grupo.

Atividade 2

Redação de relatório:

Escreva um relatório sobre o trabalho contando como o grupo planejou e organizou a apresentação, comentando as dificuldades encontradas, as superações e as constatações positivas. Indique os objetivos definidos e os resultados encontrados. Se houve apresentação, faça uma síntese da avaliação dos colegas. Finalize o relatório apresentando suas considerações sobre o projeto.

considerações finais...

Neste livro, objetivamos apresentar a você, estudante de Pedagogia, ou leitor interessado nessa área, os fazeres pedagógicos no âmbito da educação infantil. Buscamos ainda contribuir para a formação de profissionais competentes, que utilizam suas habilidades para estimular as crianças a se desenvolverem e aprenderem utilizando a brincadeira como meio de expressão. Mais especificativamente, este livro é sobre o que, como e por que devemos promover situações de aprendizagem para a criança na educação infantil. Assim, espero que a leitura desta obra tenha lhe despertado questionamentos e preocupações em relação ao trabalho pedagógico com crianças. Também tentamos aqui apresentar alguns princípios em relação às metodologias e aos procedimentos empregados na educação infantil, além de oferecer certo apoio para a utilização destes na prática.

Educar não é uma tarefa fácil. Pela própria trajetória histórica da infância e sua inserção na escola, não seria possível que um livro propusesse receitas prontas para a prática escolar nas instituições de educação infantil. O intuito foi abordar a relação teórico-prática num enfoque dialético, no qual o brincar na prática pedagógica possibilite otimizar a aprendizagem e o desenvolvimento das crianças.

Nesse sentido, a ação pedagógica que envolve o educar e o cuidar pode ser um desafio no que diz respeito a responder aos aspectos envolvidos na relação com as crianças pequenas. Sabemos que, embora a educação infantil não seja obrigatória, esta contempla uma grande diversidade de questões que envolvem, principalmente, a qualidade da oferta dessa modalidade de ensino e a formação dos profissionais para atuar nesse contexto. Nessa perspectiva, é preciso valorizar os professores da educação infantil e os profissionais das creches em todas as regiões do Brasil.

Em termos de creches e pré-escolas, existem diferenças significativas entre essas duas instituições e entre as diversas regiões ou tipos de sistemas. Sobre esse aspecto, a Constituição Federal de 1988 incluiu a educação infantil no sistema educacional, mas a LDBEN, que instituiu essa inclusão, só foi publicada em 1996. Contudo, ainda não podemos dizer que, efetivamente, a educação infantil esteja integrada ao sistema educacional como a lei determina. Há muitos fatores a serem considerados e planos a serem executados para que haja essa integração.

Obviamente, esse contexto traz consequências para a qualidade das instituições. Entre elas, está o alto custo da educação infantil, pois, quanto menor a criança, mais adultos são necessários para cuidar dela. Do ponto de vista da assistência social, é fundamental que se desenvolvam mais programas para assistir às famílias, mas isso não pode ser efetivado acima da organização do sistema de educação infantil.

Historicamente, a educação infantil no Brasil ainda apresenta uma característica assistencialista e precisa de propostas político-pedagógicas para se tornar efetivamente educacional. No entanto, a realidade das classes populares em diversas regiões do Brasil é pensada para as crianças pobres. Assim, desde a formação inicial é preciso investir em mudanças efetivas nessa realidade: uma educação de qualidade para todas as crianças, independente de classe social. Porém, no que diz respeito ao atendimento à criança economicamente menos favorecida, ainda encontramos uma concepção preconceituosa. Por essa razão, mesmo existindo avanços com a incorporação da educação infantil ao sistema educacional, é **urgente buscarmos ações no sentido de atender ao objetivo de pensar essa modalidade de ensino como direito de toda e qualquer criança, independentemente de sua condição social.**

Não se trata simplesmente de organizar o trabalho pedagógico na educação infantil ou de selecionar o conteúdo a ser ensinado na instituição. Na tentativa de superar a educação assistencialista, o que acontece é a busca por uma educação reducionista, que antecipa os conteúdos do ensino fundamental, o que coloca sobre as crianças pequenas uma exigência de esforço e concentração destituída de significado e, por isso, muitas vezes, inadequada às suas necessidades e interesses.

Nesse sentido, a educação da criança de 0 a 5 anos deve ser pensada na perspectiva de seu direito de brincar, de jogar, de modo a proporcionar-lhe um desenvolvimento integral e não apenas focado no desenvolvimento da inteligência. Assim, **a formação docente é fundamental para a sociedade brasileira.** Atualmente, a exigência da formação em nível superior nos cursos de Pedagogia tem aplicado mais à qualidade da formação dos profissionais para atuar com as crianças. Isso se reflete na prática dos profissionais que vão atuar na creche, que é a instituição que educa as crianças de 0 a 3 anos de idade.

Dessa forma, o espaço de formação dedicado à questão do cuidado com os bebês precisa ser pensado em uma perspectiva mais ampla, além da troca fraldas, da higiene, da alimentação, da segurança e do sono, pois tudo é objeto de seu conhecimento.

A formação teórica desenvolve o raciocínio e amplia o conhecimento acerca de tudo o que envolve a educação das crianças, dando ao professor a possibilidade de entender os problemas e resolvê-los, quando surgir a necessidade prática. Dessa forma, é fundamental que todo professor de educação infantil conheça as questões que envolvem os diversos saberes do mundo, as ciências, as linguagens, para que possa atender à necessidade de sua prática pedagógica cotidiana. Em sua formação, você, **graduando em Pedagogia ou interessado nesta área, deve ter essa diversidade de experiências culturais e de conhecimentos para estar preparado para a atuação ou verificação na educação infantil.**

referências...

ABRAMOWICZ, A.; WAJSKOP, G. Educação infantil: creches – atividades para crianças de zero a seis anos. São Paulo: Moderna, 1999.

ALMEIDA, M. T. P. de. Jogos divertidos e brinquedos criativos. Petrópolis: Vozes, 2004.

ALVES, F. Como aplicar a psicomotricidade. Rio de Janeiro: Wak, 2007.

ALVES, R. A complicada arte de ver. Folha de S. Paulo, São Paulo, Caderno Sinapse. Versão *on-line*, 26 out. 2004. Disponível em: <http://www1.folha.uol.com.br/folha/sinapse/arquivo.shtml>. Acesso em: 19 nov. 2009.

AMORIN, M. Atirei o pau no gato: a pré-escola em serviço. São Paulo: Brasiliense, 1994.

AQUINO, J. G. Diferenças e preconceito na escola: alternativas teóricas e práticas. São Paulo: Summus, 1998.

ARIÈS, P. História social da criança e da família. Rio de Janeiro: LTC, 1981.

AROEIRA, M. L. C.; SOARES, M. I.; MENDES, R. E. A. Didática de pré-escola: vida de criança – brincar e aprender. São Paulo: FTD, 1996.

BARBOSA, M. C. S. Por amor e por força: rotinas na educação infantil. Porto Alegre: Artmed, 1996.

BARBOSA, M. C. S.; HORN, M. da G. Por uma pedagogia de projetos na educação infantil. Pátio Revista Pedagógica, Porto Alegre, n. 7, p. 28-31, nov. 1998/jan. 1999.

______. Projetos pedagógicos na educação infantil. Porto Alegre: Artmed, 2008.

BASSEDAS, E.; HUGUET, T.; SOLÉ, I. Aprender e ensinar na educação infantil. Porto Alegre: Artmed, 1999.

BONDIOLI, A.; MANTOVANNI, S. Manual de educação infantil. Porto Alegre: Artmed, 1998.

BOMTEMPO, E. (Coord.). Psicologia do brinquedo: aspectos teóricos e metodológicos. São Paulo: Nova Stella; Edusp, 1986.

BRASIL. Constituição (1988). Diário Oficial [da] República Federativa do Brasil., Brasília, DF, 5 out. 1988.

______. Lei n. 5.692, de 11 de agosto de 1971. Diário Oficial da União, Poder Legislativo, Brasília, DF, 12 ago. 1971.

______. Lei n. 8.069, de 13 de julho de 1990. Diário Oficial da União, Poder Legislativo, Brasília, DF, 16 jul. 1990.

______. Lei n. 8.742, de 7 de dezembro de 1993. Diário Oficial da União, Poder Legislativo, Brasília, DF, 8 dez. 1993.

BRASIL. Lei n. 9.131, de 24 de novembro de 1995. Diário Oficial da União, Poder Legislativo, Brasília, DF, 25 nov. 1995.

______. Lei n. 9.394, de 20 de dezembro de 1996. Diário Oficial da União, Poder Legislativo, Brasília, DF, 23 dez. 1996.

______. Ministério da Educação. Conselho Nacional de Educação. Câmara de Educação Básica. Parecer n. 2, de 29 de janeiro de 1999. Diário Oficial da União, Brasília, DF, 23 mar. 1999a. Disponível em: <http://portal.mec.gov.br/CNE/arquivos/pdf/1999/pceb002_99.pdf>. Acesso em: 19 mar. 2009.

______. Parecer n. 3, de 27 de janeiro de 2004. Diário Oficial da União, Brasília, DF, 27 jan. 2004a. Disponível em: <http://portal.mec.gov.br/dmdocuments/pceb003_04.pdf>. Acesso em: 19 nov. 2009.

______. Parecer n. 4, de 16 de fevereiro de 2000. Diário Oficial da União,Brasília,DF,6fev.2000a.Disponívelem:<http://portal.mec.gov.br/cne/arquivos/pdf/2000/pceb004_00.pdf>. Acesso em: 19 nov. 2009.

______. Parecer n. 10, de 11 de março de 2002. Diário Oficial da União, Brasília, DF, 11 mar. 2002a. Disponível em:<http://portal.mec.gov.br/cne/arquivos/pdf/cp102002a.pdf>. Acesso em: 19 nov. 2009.

BRASIL. Ministério da Educação. Conselho Nacional de Educação. Câmara de Educação Básica. Parecer n. 14, de 14 de setembro de 1999. Diário Oficial da União, Brasília, DF, 14 set. 1999b. Disponível em: <http://portal.mec.gov.br/cne/arquivos/pdf/1999/pceb014_99.pdf>. Acesso em: 19 nov. 2009.

______. Parecer n. 22, de 17 de dezembro de 1998. Diário Oficial da União, Brasília, DF, 17 dez. 1998a. Disponível em: <http://portal.mec.gov.br/cne/arquivos/pdf/rceb001_04.pdf>. Acesso em: 22 fev. 2010.

BRASIL. Parecer n. 36, de 4 de dezembro de 2001. Diário Oficial da União, Brasília, DF, 4 dez. 2001. Disponível em: <http://portal.mec.gov.br/cne/cne/arquivos/pdf/pceb36_01.pdf>. Acesso em: 19 nov. 2009.

______. Resolução n. 1, de 7 de abril de 1999. Diário Oficial da União, Brasília, 13 abr. 1999c. Disponível em: <http://portal.mec.gov.br/cne/arquivos/pdf/CEB0199.pdf>. Acesso em: 22 fev. 2010.

______. Resolução n. 1, de 3 de abril de 2002. Diário Oficial da União, Brasília, 3 abr. 2002b. Disponível em: <http://portal.mec.gov.br/cne/arquivos/pdf/CEB012002.pdf>. Acesso em: 19 nov. 2009.

______. Resolução n. 1, de 21 de janeiro de 2004. Diário Oficial da União, Brasília, 21 jan. 2004b. Disponível em: <http://portal.mec.gov.br/cne/arquivos/pdf/rceb001_04.pdf>. Acesso em: 19 nov. 2009.

______. Resolução n. 3, de 10 de novembro de 1999. Diário Oficial da União, Brasília, 10 mar. 1999d. Disponível em: <http://portal.mec.gov.br/cne/arquivos/pdf/rceb03_99.pdf>. Acesso em: 19 nov. 2009.

______. Ministério da Educação. Secretaria de Educação Básica. Parâmetros Nacionais de Qualidade para a Educação Infantil. Brasília, DF, 2006. v. 2. Disponível em: <http://portal.mec.gov.br/seb/arquivos/pdf/Educinf/eduinfparqualvol2.pdf>. Acesso em: 19 nov. 2009.

______. Ministério da Educação. Secretaria de Educação Fundamental. Referencial Curricular Nacional para a Educação Infantil. Brasília: MEC/SEF, 1998b. 3 v.

______. Referencial Curricular Nacional para a Educação Infantil: estratégias e orientações para a educação de crianças com necessidades educacionais especiais. Brasília: MEC/SEF, 2000b.

BRITO, T. A. de. Música na educação infantil. São Paulo: Peirópolis, 2003.

BRIZUELA, B. Desenvolvendo a matemática na criança. Porto Alegre: Artmed, 2006.

BROTTO, F. O. Se o importante é competir, o fundamental é cooperar. Santos: Re-Novada, 1997.

BROUGÈRE, G. Brinquedos e companhia. São Paulo: Cortez, 2004.

CARVALHO, M. Alfabetizar e letrar: um diálogo entre a teoria e a prática. Petrópolis: Vozes, 2005.

CARVALHO NETTO, F. Desporto adaptado a portadores de deficiência. Porto Alegre: Ed. da UFRGS, 1996.

CAVALCANTI, Z. Trabalhando com história e ciência na pré-escola. Porto Alegre: Artmed, 1995.

CERIZARA, A. B. Rousseau: a educação na infância. São Paulo: Scipione, 1990.

COCCO, M. F. Didática de alfabetização: decifrar o mundo – alfabetização e socioconstrutivismo. São Paulo: FTD, 1996.

CÓRIA-SABINI, M. A. Jogos e brincadeiras na educação infantil. Campinas: Papirus, 2004.

CORSINO, P.; NUNES, M. F.; KRAMER, S. Formação de profissionais da educação infantil: um desafio para as políticas municipais de educação face às exigências da LDB. In: SOUZA, D. B.; FARIA, L. Desafios da educação municipal. Rio de Janeiro: DP&A, 2003.

COTTINGHAM, J. Dicionário Descartes. Rio de Janeiro: J. Zahar, 1995.

CRAYDI, C.; KAERCHER, G. (Org.). Educação infantil: pra que te quero? Porto Alegre: Artmed, 2001.

CREDIDIO, E. B. Y. A criança com deficiência quebra a barreira do preconceito: a experiência de inclusão em creches da prefeitura do município de São Paulo. In: MACHADO, M. L. (Org.). Encontros e desencontros na educação infantil. São Paulo: Cortez, 2003.

EDWARDS, C. As cem linguagens da criança. Porto Alegre: Artmed, 1999.

ELKIND, D. Sem tempo para ser criança: a infância estressada. Porto Alegre: Artmed, 2003.

FARIA, A. L. G. Educação pré-escolar e cultura: para uma pedagogia da educação infantil. São Paulo: Cortez, 1999.

FARIA, A. L. G.; PALHARES, M. S. (Org.). Educação infantil pós-LDB: rumos e desafios. Campinas: Autores Associados, 1999.

FARIA FILHO, L. M. (Org.). A infância e sua educação: materiais, práticas e representações. Belo Horizonte: Autêntica, 2004.

FERNANDES, R. S. Entre nós, o sol: relação entre infância, cultura, imaginário e lúdico na educação não formal. Campinas: Mercado de Letras, 2001.

FERREIRA, M. Ação psicopedagógica na sala de aula: uma questão de inclusão. São Paulo: Paulus, 2001.

FERREIRO, E. Reflexões sobre a alfabetização. São Paulo: Cortez; Campinas: Autores Associados, 1985.

FINCO, D. Relações de gênero nas brincadeiras de meninos e meninas na educação infantil. Revista Pro-Posições, Campinas, v. 14, n. 3, p. 89-101, set./dez. 2003.

FORTUNA, T. R. Sala de aula é lugar de brincar? In: XAVIER, M. L. M.; KALLA ZEN, M. I. H. Planejamento em destaque: análises menos convencionais. Porto Alegre: Mediação, 2000.

FREIRE, M. A paixão de conhecer o mundo. Rio de Janeiro: Paz e Terra, 1983.

FREIRE, M. et al. Observação, registro e reflexão: instrumentos metodológicos. São Paulo: Espaço Pedagógico, 1996. (Série Seminários).

FREIRE, P. Ação cultural para a liberdade. 5. ed. Rio de Janeiro: Paz e Terra, 1981.

______. A educação na cidade. 5. ed. São Paulo: Cortez, 2001.

FREIRE, P. Medo e ousadia: cotidiano do professor. 10. ed. Rio de Janeiro: Paz e Terra, 1986.

______. Pedagogia da esperança. 11. ed. São Paulo: Paz e Terra, 1992.

FRIEDMANN, A. Brincar: crescer e aprender – o resgate da cultura infantil. São Paulo: Moderna, 1996.

______. O direito de brincar: a brinquedoteca. São Paulo: Abrinq, 1998.

GALLARDO, J. S. P. Didática de educação física: a criança em movimento – jogo, prazer e transformação. São Paulo: FTD, 1998.

HAYDT, R. C. C. Atividades lúdicas na educação da criança. São Paulo: Ática, 1998.

HAYWOOD, K. M.; GETCHELL, N. Desenvolvimento motor ao longo da vida. Porto Alegre: Artmed, 2004.

HERNANDEZ, F. As perguntas que servem para aprender. In: HERNANDEZ, F. (Org.). Transgressão e mudança na educação. Porto Alegre: Artmed, 1998.

HOFFMANN, J. Avaliação na pré-escola: um olhar reflexivo sobre a criança. Porto Alegre: Mediação, 1999.

HOFFMANN, J.; SILVA, M. B. da. Ação educativa na creche. Porto Alegre: Mediação, 1995.

HORN, M. da G. Sabores, cores, sons, aromas: a organização dos espaços na educação infantil. São Paulo: Scipione, 2004.

JEANDOT, N. Explorando o universo da música. São Paulo: Scipione, 1997.

JUNQUEIRA FILHO, G. de A. Linguagens geradoras: seleção e articulação de conteúdos em educação infantil. Porto Alegre: Mediação, 2005.

KAMII, C.; DECLARK, G. Reinventando a aritmética: implicações da teoria de Piaget. Campinas: Papirus, 1996.

KAMII, C.; DEVRIES, R. Jogos em grupo na educação infantil. São Paulo: Trajetória Cultural, 1991.

______. O conhecimento físico na educação pré-escolar. Porto Alegre: Artmed, 1986.

KHOL, M. A. Iniciação à arte para crianças pequenas. Porto Alegre: Artmed, 2005.

KISHIMOTTO, T. M. Escolarização e brincadeira na educação infantil. In: SOUZA, C. P. (Org.). História da educação: processos, práticas e saberes. São Paulo: Escrita, 1998.

______. Jogo, brinquedo, brincadeira e a educação. São Paulo: Cortez, 1997.

______. O brincar e suas teorias. São Paulo: Pioneira, 1998.

______. O jogo e a educação infantil. São Paulo: Pioneira, 1994.

KRAMER, S. A política do pré-escolar no Brasil: a arte do disfarce. Rio de Janeiro: Dois Pontos, 1987.

______. Infância e educação infantil. São Paulo: Papirus, 2002.

______. Propostas pedagógicas e curriculares: subsídios para uma leitura crítica. Educação e Sociedade, Campinas, ano 18, n. 60, dez. 1997.

KUENZER, A. Z. 4 cores, senha e dominó. São Paulo: Casa do Psicólogo, 1997.

______. Cultura, linguagem e subjetividade no ensinar e aprender. Rio de Janeiro: DP&A, 2001.

KUHLMANN JÚNIOR, M. Infância e educação infantil: uma abordagem histórica. Porto Alegre: Artmed, 1999.

______. Instituições pré-escolares assistencialistas no Brasil: 1899 a 1922. Cadernos de Pesquisa, São Paulo, n. 78, p. 17-26, ago. 1991.

LABAN, R. Domínio do corpo. São Paulo: Summus, 1978.

LE BOULCH, J. O desenvolvimento psicomotor: do nascimento até os 6 anos. Porto Alegre: Artes Médicas, 1986.

LOURO, G. (Org.). O corpo educado: pedagogias da sexualidade. Belo Horizonte: Ed. da UFMG, 2002.

MACHADO, M. L. (Org.). Encontros e desencontros na educação infantil. São Paulo: Cortez, 2003.

MATURANA, H. Emoções e linguagem na educação e na política. Belo Horizonte: Ed. da UFMG, 2002.

MIRANDA, N. 200 jogos infantis. Rio de Janeiro: J. Zahar, 1978.

MONTENEGRO, T. O cuidado e a formação moral na educação infantil. São Paulo: Educ, 2001.

MOYLES, J. R. A excelência do brincar. Porto Alegre: Artmed, 2006.

MOYLES, J. R. Só brincar? O papel do brincar na educação infantil. Porto Alegre: Artmed, 2002.

NARODOSKY, M. Infância e poder. São Paulo: Universitária, 2001.

NASPOLINI, A. T. Didática de português: tijolo por tijolo – leitura e produção escrita. São Paulo: FTD, 1996.

OLIVEIRA, G. de C. Avaliação psicomotora à luz da psicologia e da psicopedagogia. Petrópolis: Vozes, 2002a.

______. Psicomotricidade: educação e reeducação num enfoque psicopedagógico. Petrópolis: Vozes, 2008.

OLIVEIRA, Z. R. de. Educação infantil: fundamentos e métodos. São Paulo: Cortez, 2002b. (Coleção Docência em Formação).

OLIVEIRA, Z. R. de (Org.). Educação infantil: muitos olhares. São Paulo: Cortez, 1995.

OSTETO, L. E. (Org.). Encontros e encantamentos na educação infantil. Campinas: Papirus, 2003.

PARANÁ. Secretaria da Educação. Conselho Estadual da Educação. Deliberação n. 9, de 5 de dezembro de 2002. Disponível em: <http://celepar7cta.pr.gov.br/seed/deliberacoes.nsf/7b2a997ca37239c3032569ed005fb978/5c87723e6960b9ac03256c95005364ae/$FILE/_b8himoqb2clp631u6dsg30e9d68o30cg_.pdf>. Acesso em: 19 nov. 2009.

PIAGET, J. A formação do símbolo na criança. Rio de Janeiro: J. Zahar, 1979.

PIERCE, C. S. Semiótica. São Paulo: Perspectiva, 1995.

PORTELLA, F. O.; FRANCESCHINI, I. S. Família e aprendizagem: uma relação necessária. Rio de Janeiro: Wak, 2008.

RAMOS, R. 200 dias de leitura e escrita na escola. São Paulo: Cortez, 2006.

RAU, M. C. T. D. A ludicidade na educação: uma atitude pedagógica. Curitiba: Ibpex, 2007.

RIVKIN, M. Ciências na educação infantil. Porto Alegre: Artmed, 2002.

ROSEMBERG, F. A criação dos filhos pequenos: tendências e ambiguidades contemporâneas. In: CARVALHO, M. C. B. (Org.). A família contemporânea em debate. São Paulo: Educ; Cortez, 1995.

ROSSETTI-FERREIRA, M. C. (Org.). Fazeres na educação infantil. São Paulo: Cortez, 1998.

SANCHEZ, P. A.; MARTINEZ, M. R.; PENALVER, I. V. A psicomotricidade na educação infantil: uma prática preventiva e educativa. Porto Alegre: Artmed, 2003.

SAVIANI, D. A nova lei da educação: trajetória, limites e perspectivas. Campinas: Autores Associados, 1998. (Coleção Educação Contemporânea).

SCHILLER, P.; ROSSANO, J. Ensinar e aprender brincando: mais de 750 atividades para a educação infantil. Porto Alegre: Artmed, 2008.

SOUZA, R. C. de; BORGES, M. F. S. T. (Org.). A práxis na formação de educadores infantis. Rio de Janeiro: DP&A, 2002.

SPITZ, R. A. O primeiro ano de vida: um estudo psicanalítico do desenvolvimento normal e anômalo das relações objetais. São Paulo: M. Fontes, 1979.

SPODECK, B.; SARACHO, O. Ensinando crianças de três a oito anos. Porto Alegre: Artmed, 1998.

TONUCCI, F. Com olhos de criança. Porto Alegre: Artmed, 1997.

VYGOTSKY, L. S. A formação social da mente. São Paulo: M. Fontes, 1989.

WALLON, H. A evolução psicológica da criança. São Paulo: M. Fontes, 1995.

______. As origens do caráter na criança. São Paulo: Nova Alexandria, 1995.

ZABALZA, M. A. Qualidade em educação infantil. Porto Alegre: Artmed, 1998.

bibliografia comentada...

ARIÈS, P. Pequena contribuição à história dos jogos e brincadeiras. In: ______. História social da criança e da família. Rio de Janeiro: LTC, 1981.

Essa obra aborda a história da infância e proporciona a reflexão sobre a criança na sociedade.

BARBOSA, M. C. S.; HORN, M. da G. Projetos pedagógicos na educação infantil. Porto Alegre: Artmed, 2008.

O livro discute sobre a metodologia de projetos como ação pedagógica nas creches e pré-escolas.

BASSEDAS, E.; HUGUET, T.; SOLÉ, I. Aprender e ensinar na educação infantil. Porto Alegre: Artmed, 2008.

O livro traz a reflexão, a análise e a otimização da prática educativa na educação infantil.

KRAMER, S. et al. (Org.). Infância e educação infantil. São Paulo: Papirus, 2002.

O livro, organizado por autores com prática pedagógica na educação infantil, parte da abordagem da leitura e escrita e segue com a análise das políticas públicas. Apresenta também os aspectos da formação, da cultura, da estética e do cotidiano na educação.

MOYLES, J. R. A excelência do brincar: a importância da brincadeira na transição entre a educação infantil e anos iniciais. Porto Alegre: Artmed, 2006.

O livro reúne grandes especialistas sobre a ludicidade que contextualizam o brincar no currículo escolar.

respostas...

CAPÍTULO 1

ATIVIDADES DE AUTOAVALIAÇÃO

[1] c

[2] c

[3] b

[4] d

[5] c

ATIVIDADES DE APRENDIZAGEM

QUESTÕES PARA REFLEXÃO

1.

[A] Entender a educação infantil como a primeira etapa da formação educacional dos pequenos, identificar as concepções teórico-metodológicas e de avaliação para essa etapa, participar ativamente da elaboração da proposta pedagógica de sua instituição, conhecendo e respeitando a realidade na qual as crianças estão inseridas, ser um educador pesquisador, objetivando estudar sempre e buscar recursos voltados à resolução dos problemas cotidianos.

[B] A legislação atual para a educação infantil trouxe como avanço a articulação entre cuidados e educação, com base na elaboração de diretrizes curriculares que devem subsidiar as propostas pedagógicas
nessa etapa.

2.

[A] As crianças que não tiverem condições familiares e sociais adequadas às suas necessidades podem apresentar problemas em relação a si e ao outro. O brincar na infância é fundamental para o desenvolvimento e a aprendizagem. Nesse sentido, a infância roubada pelo trabalho infantil pode atrapalhar o desenvolvimento motor, afetivo e cognitivo, o que se reflete na aprendizagem.

[B] As famílias, atualmente, têm pouco tempo para ficar com as crianças, e isso reflete na sua formação pessoal, na autonomia, na segurança emocional, na alimentação de qualidade e na formação de hábitos saudáveis, como a higiene, o sono, o brincar etc.

CAPÍTULO 2

ATIVIDADES DE AUTOAVALIAÇÃO

[1] a

[2] c

[3] c

[4] b

[5] d

QUESTÕES PARA REFLEXÃO

1.

[A] O professor pode organizar um espaço em que os pequenos se integram. Assim, os bebês que necessitam de apoio para se sentar podem ter almofadas nas costas. Objetos como brinquedos emborrachados, jogos de encaixe com peças grandes, bolas de pano e de borracha, móbiles etc. podem fazer parte do cenário. Livros de pano com diferentes texturas são opções para compor o ambiente para a estimulação. O educador trabalhará cada criança individualmente.

[B] O professor deve explicar inicialmente quais são os materiais coletivos e os individuais, ouvindo as perguntas das crianças. Deve também criar regras de uso e organização dos materiais com as crianças, mostrar o espaço que compõe as atividades e explicar como explorá-lo e como usar os materiais e os brinquedos.

2.

[A] O professor deve atentar para os diálogos e os gestos produzidos pelas crianças. Quando perceber atitudes inadequadas, deve conversar sobre o assunto, esclarecendo como pode ser a relação dos pequenos com temas adultos.

[B] O professor pode elaborar projetos, brincadeiras e dramatizações que envolvam a reflexão sobre os temas abordados pela televisão e nos jogos eletrônicos, como drogas, violência, fome e injustiça. Por exemplo, pode aliar a reflexão sobre fábulas e histórias infantis que proporcionarão a reflexão significativa por parte dos pequenos, por envolver personagens fictícios e a imaginação.

CAPÍTULO 3

ATIVIDADES DE AUTOAVALIAÇÃO

[1] a

[2] a

[3] b

[4] b

[5] a

ATIVIDADES DE APRENDIZAGEM

QUESTÕES PARA REFLEXÃO

1. O professor pode utilizar jogos e brincadeiras que envolvam as áreas motora e cognitiva na aprendizagem de alguns conteúdos, como jogos de lateralidade e de raciocínio lógico para trabalhar conteúdos da matemática. A dramatização é uma opção para o desenvolvimento da expressão, habilidade necessária para a aprendizagem da leitura.

2. É comum coordenadores pedagógicos e professores fazerem reunião de pais na escola para informar questões sobre a concepção da escola, a metodologia e os conteúdos que integrarão o processo de ensino e aprendizagem. Nesse sentido, o professor pode preparar uma prática lúdica com os pais e, assim, demonstrar como os jogos proporcionam o desenvolvimento e a aprendizagem infantil.

CAPÍTULO 4

ATIVIDADES DE AUTOAVALIAÇÃO

[1] a

[2] b

[3] c

[4] b

[5] c

ATIVIDADES DE APRENDIZAGEM

QUESTÕES PARA REFLEXÃO

1.

[A] As atividades com música são atrativas para as crianças, pois estimulam os movimentos corporais, o ritmo, a linguagem oral e a organização do pensamento.

[B] Quando a criança participa de atividades com a música em grupo, precisa perceber seus movimentos, seu tom de voz, o espaço que ocupa, o ritmo da música e de seus gestos. Esse estímulo ajuda a criança a perceber também esses aspectos no outro e para integrar-se ao grupo, é necessário estar em harmonia com todos esses aspectos. A música é uma linguagem que auxilia no processo de socialização, pois a criança primeiro percebe a si e depois ao outro e, por fim, procura adequar seu ritmo ao do outro.

2.

[A] Ao contar sobre um passeio com a família, a criança descreve as relações de afeto, de respeito, de estímulo e, assim, o professor pode conhecer um pouco da realidade da criança fora do contexto escolar. O educador pode aproveitar alguns temas para conversar sobre hábitos sociais, de higiene, conteúdos de ciências e literatura, entre outros.

[B] O professor pode trazer algumas histórias infantis, partes de vídeos que demonstrem as relações entre os seres humanos, entre estes e a natureza, bem como responder a questões formuladas espontaneamente pelas crianças nas rodas de conversa.

sobre a autora...

Maria Cristina Trois Dorneles Rau nasceu em Porto Alegre (RS) e é licenciada em Educação Física pela Faculdade Dom Bosco de Educação Física (Brasília). É pós-graduada em Metodologia de Ensino da Educação Básica, em Magistério Superior, em Magistério da Educação Básica: Educação Especial e em Psicopedagogia Clínica e Institucional pelo Centro Universitário Uninter. É também mestre em Educação pela Pontifícia Universidade Católica do Paraná (PUCPR).

Atualmente é professora de cursos de pós-graduação *lato sensu* em Educação Infantil e Anos Iniciais do Ensino Fundamental, em Educação Especial e em Psicopedagogia Clínica e Institucional, em diferentes instituições de ensino superior de Curitiba. Atua como professora em cursos de capacitação na área da educação em diversos estados brasileiros e orienta monografias de conclusão de cursos de graduação e pós-graduação, bem como projetos nas áreas de ludicidade, educação especial, alfabetização e psicomotricidade desenvolvidos nas escolas municipais de Curitiba e região metropolitana, no âmbito do Projeto Universidade-Escola. É também professora da rede estadual de educação do Paraná, atuando no Curso de Formação Docente em Educação Infantil e Anos Iniciais do Ensino Fundamental.

Nesta obra, apresentei ao futuro professor de educação infantil ou aos leitores interessados nesta área os conteúdos que tratam do trabalho pedagógico nesta etapa de ensino. Assim, para que conheçam minha trajetória nesta área, descrevi meu caminho nesse maravilhoso universo da educação infantil.

Comecei a trabalhar com crianças em Brasília-DF, cidade onde me formei em Educação Física em 1991. Naquela época, a educação infantil já se destacava nas escolas privadas e públicas, atendendo à necessidade dos pais que trabalhavam e não tinham onde deixar suas crianças pequenas, concepção ainda muito forte naquele momento. Porém, já havia alguns trabalhos na tentativa de educar, embora nem sempre atendendo a concepções pedagógicas. As crianças iam para as "escolinhas", como se falava, também para se socializarem. O trabalho pedagógico era voltado à mecanização do conhecimento, resquícios da abordagem tradicional. Mas às vezes as atividades eram muito criativas, o que apontava para o início de uma nova educação infantil, recriada pelos movimentos escolanovistas e os primeiros esboços das perspectivas progressistas.

Lembro-me de um trabalho que foi feito com as crianças do maternal, na primeira escola em que atuei. Após trabalhar os animais domésticos e selvagens com as crianças, foi feita a pergunta: "Que bichinhos dão leite?". A surpresa da resposta: "A vaca, a cabra e a mamãe!". Apesar de acharmos graça na resposta e construirmos um cartaz sobre o assunto, ficava nítida a relação que elas faziam entre suas experiências e o conteúdo das aulas. Foram muitas as vivências naquela época (que duraram 4 anos) e o que ficava claro era a necessidade de se buscar métodos que levassem as crianças a representar todas as informações dadas nas aulas.

Em 1996, já morando na cidade de Curitiba-PR e atuando na formação de professores de educação infantil e de anos iniciais do ensino fundamental, comecei a desenvolver alguns projetos com as crianças da rede municipal, por meio de acompanhamento de estágios supervisionados. Os conteúdos eram diversos e envolviam as áreas de leitura e escrita, ciências, matemática, geografia, educação física e artes, entre outras, com recursos de contação de histórias, jogos e brincadeiras, musicalização etc. Isso só foi possível por conta dos estudos desenvolvidos em equipes multidisciplinares das quais eu fazia parte e que tiveram um papel relevante no conhecimento por mim construído. Além de professores de todas as áreas do conhecimento, a equipe baseava-se na filosofia, na psicologia e na pedagogia. A pedagoga Maria Doraci Nitz, coordenadora do curso de formação docente, era a nossa maestrina, pois proporcionava estudos que fortaleceram e ampliaram nossa busca pelo sucesso. A ela agradeço por todo incentivo e apoio que sempre me deu para que eu hoje faça parte do grupo de educadores que pensam e atuam ativamente numa proposta crítica para a educação infantil. A essa maestrina dedico também os estudos que possibilitaram essa obra, pois eu fui apenas um instrumento, entre tantos que ela orientou em diferentes momentos da formação de professores para a educação infantil e que hoje contribuem em diversos contextos da educação. Educadores como a Dora, como a chamamos carinhosamente, antecipam-se amorosamente frente à necessidade de estudo, pesquisa e planejamento na área da educação. Fazem do seu trabalho um meio para participar ativamente da construção de uma sociedade mais justa e educada. Há mais de uma década acompanho sua trajetória de incentivo à educação, e atesto que ela não mede esforços para formar gerações de professores críticos e reflexivos.

Assim, passar essa experiência a você que inicia sua formação profissional ou que se interessa por essa área é uma grande oportunidade de dividir o que me foi ofertado: as interações entre os estudos e os colegas, os professores aos quais desenvolvo aulas de graduação e pós-graduação e, principalmente, as crianças que fizeram parte de todo o cenário metodológico que será apresentado. Como o exemplo de incentivo ao estudo estimulado pela maestrina Dora, convido vocês a dedicarem toda a atenção à leitura deste livro, e que ele seja o início de uma bela melodia criada por cada um dos graduandos em Pedagogia.

Os papéis utilizados neste livro, certificados por instituições ambientais competentes, são recicláveis, provenientes de fontes renováveis e, portanto, um meio responsável e natural de informação e conhecimento.

FSC
www.fsc.org
MISTO
Papel | Apoiando o manejo florestal responsável
FSC® C103535

Impressão: Reproset